É assim que defino este livro: pensável, com reflexões que prom[...] [...]ormações inevitáveis. Ele é recheado de histórias que nos tocam profundamente, repleto de experiências que nos desafiam a ser melhor, abundante do amor e da graça de Deus, que levam à restauração. Mergulhe nas suas páginas e experimente o amor real e a cura sobrenatural.

ROSANA ALVES
Psicóloga e Neurocientista

Este não é apenas um livro sobre o amor. É um testemunho profundo e vivo da cura que o amor de Deus promove a quem escolhe se entregar completamente a Ele. Se você já se sentiu segura, diante de uma situação negativa, apenas por estar de mãos dadas com alguém, este livro te proporcionará uma experiência ainda mais profunda de fé e relacionamento com a Fonte do Amor. Mas se você ainda busca preencher os profundos vazios da alma, essa obra te ensinará a encontrar a cura através do amor Daquele que não falha e nunca soltará suas mãos. Por meio desta doce leitura, eu te convido a uma experiência de amor e cura.

VANESSA DE OLIVEIRA
Psicóloga

Referir-se às suas interlocutoras como "amada" é uma das marcas registradas de Darleide Alves, e a autora demonstra, de fato, esse amor. Ter trabalhado no design gráfico da primeira edição de *Amor e Cura* revolucionou minha vida. O amor com o qual Darleide me tratou e a leitura que pulsava o amor de Deus despertaram em mim o desejo de voltar a pintar, hábito que eu abandonara há 7 anos por causa da depressão. Quanto mais eu devorava as palavras durante a execução do projeto, mais me instigava o desejo de uma completa e profunda transformação. Eu sofria de artrite reumatoide e já havia perdido alguns movimentos até então. Lendo aquelas páginas iniciei profundos esforços por uma vida melhor. Hoje vivo em remissão, a artrite e a depressão são lembranças. Deus me curou. E o caminho que encontrei e hoje trilho começou com este livro. Não subestime o que Deus pode fazer por você durante esta leitura.

SARA CAMPOS
Designer Gráfica

A leitura de *Amor e cura* foi essencial em um momento de sofrimento, e foi, também, decisiva para que eu me posicionasse acerca do amor de Deus por mim. Passeei pelo livro ouvindo a voz da Darleide em cada trecho e senti o toque de Deus e do Espírito Santo curando cada parte de mim que latejava com dores emocionais. O amor do Pai nos transforma e resgata o nosso propósito.

AMANDA ALCANTARA
Psicóloga

Eu levava *Amor e cura* comigo para o trabalho e o deixava na mesa da sala de aula. As palavras me fortaleciam e me elevavam para minha missão e propósito. Todos os exemplares que eu tinha dei para amigas, pois é impossível ler o livro e não compartilhá-lo com outros. A leitura de *Amor e Cura* ajudou muitas mulheres, tenho certeza. Obrigada, Darleide, por ser instrumento de Deus.

MÁRCIA MELO
Professora

Amor&Cura

Darleide Alves

Amor&Cura

Darleide Alves

Publisher *Samuel Coto*
Editor *Guilherme H. Lorenzetti*
Assistente editorial *Lais Chagas*
Preparação *Daila Fanny Eugênio*
Revisão *Camila Reis*
Diagramação *Luciana Di Iorio*
Capa e projeto gráfico *Débora Grazola*

Catalogação na publicação (CIP)
(BENITEZ Catalogação Ass. Editorial, MS, Brasil)

A478a   Alves, Darleide
1.ed.   Amor e cura / Darleide Alves. – 1.ed. – Rio de Janeiro:
Thomas Nelson Brasil, 2022.
192 p.; 13,5 x 20,8 cm.

ISBN: 978-65-56893-13-6

1. Amor – Aspectos religiosos – Cristianismo. 2. Cura pela fé –
Cristianismo. 3. Literatura devocional. 4. Mulheres cristãs – Vida cristã.
5. Superação – Aspectos religiosos. I. Título.

07-2022/46   CDD 242

Índice para catálogo sistemático:
1. Literatura devocional : Cristianismo   242

Bibliotecária : Aline Graziele Benitez CRB-1/3129

Thomas Nelson Brasil é uma marca licenciada à Vida Melhor Editora LTDA.
Todos os direitos reservados à Vida Melhor Editora LTDA.
Rua da Quitanda, 86, sala 218 – Centro
Rio de Janeiro – RJ – CEP 20091-005
Tel.: (21) 3175-1030
www.thomasnelson.com.br

Dedico este livro
ao Deus Vivo;
Criador e Senhor
Soberano.

Sumário

Prefácio

Oi, amada!

Não sei se você costuma ser tratada assim. Seja como for, temos sede de amor. No amor fomos criadas. Depois de ter sido criada a mulher, estava completa a Terra. Eis que tudo era muito bom. Mas nem tudo está bom agora. Lá se foram tantos séculos, tanta história. Homem e mulher perfeitos, antes vestidos de luz, tornaram-se nus. E nós, como estamos?

Escrevo pensando em você. Escrevo pensando em mulheres prestes a desistir da vida, naquelas que não suportam mais carregar fardos. Escrevo pensando naquelas que têm a vida vazia de significado, mas cheia de culpa. Nas tantas e tantas que enfrentam solidão, divórcio, traumas e amarguras. Estou pensando em quem deseja ressignificar o que passou e viver algo novo.

É chegada a hora de vivermos fé e autorresponsabilidade. Não mais é admissível ver a vida passar como quem se desvia dela. Somos a melhor pessoa para decidir e agir em resposta. Que sejamos mulheres amadas, restauradas, completas. Mulheres que querem a excelência da feminilidade em vez de apetrechos da moda, os quais se pode comprar, mas que nada podem por sua superficialidade. Chegou a hora das mulheres sábias, valentes, simples em sua fé, mas de uma entrega extraordinária.

Não vou falar de trabalho, beleza, maternidade, estado civil ou coisas afins à mulher. Quero falar da verdade que sara qualquer ferida, em qualquer idade e em qualquer medida. Meu desejo é que você se torne uma mulher inteira e capaz de subir mais alto do que o seu salto e ser mais forte do que os seus medos. Que ame e seja amada pelo amor mais perfeito. Desejo que o que está escrito aqui fique também gravado em sua mente.

Ao longo da vida, tenho aprendido diariamente a ter compaixão de mim e dos outros. No processo das descobertas pessoais, fui dando conta de quando minha valentia gritava mais alto do que minha própria oração; de quando ser sincera significava ter uma língua pesada com quem precisava tanto de acolhimento quanto de exortação. Neste livro, procurei ficar o mais próximo possível do meu modo de lidar com a vida: prático e objetivo, mas sensível à sua necessidade de compreensão e amor. As palavras escritas aqui são naturalmente simples, mas fortes para tocar seu entendimento. Deixei meu sentimento falar e a minha fé se expor. Fiz isso por dias, até que um pouco da minha vida pudesse ficar nestas páginas para encorajar você.

Se a palavra, algumas vezes, lhe parecer dura, saiba que é apenas a força da letra. A proposta é considerar o que é preciso em busca de cura para a alma. Espero que sejam palavras benditas, impregnadas de verdade e ricas em graça. Não há pretensão alguma de dizer o que nunca foi dito. Quero apenas dizer do meu jeito, sobre o que creio e testemunho.

Este livro é um auxílio para lhe fazer bem. É para lhe dizer que estamos juntas, até que tudo passe do lado de cá da eternidade. Todas nós aguardamos a hora prometida, o cumprimento da profecia, do amor que nunca acaba. Passarão céus e terra, morte e lágrimas. Até lá, enquanto esperamos, mantemos a cabeça erguida. Nossa cura final se aproxima.

Oração

Amado Deus, obrigada por este momento especial, quando juntas buscamos a Ti por nossas necessidades. Pedimos que nos ampares em nossa fraqueza e nos sustentes com Tua bondade.

Além de Ti, quem pode nos dar socorro?

"Eu sou teu escudo e tua proteção."

Então vem, Senhor, e sê a voz que vai nos dar direção. Pai, vai até o lugar onde está quem lê estas palavras e toca essa pessoa. Faze-a viver a paz da Tua presença. Alcança o seu coração e faze-a crer que o Senhor tem bênçãos sem medidas para lhe conceder. Cure-a de suas culpas e concede luz para suas sombras emocionais. Acima de todas as coisas, dá a ela a fé necessária para ir além dos sentimentos e usufruir da Tua graça e glória.

Salva-a e torna-a cheia de vida e alegria, no poder transformador do Espírito Santo. Louvado seja o Teu nome, porque sei que nos ouves e nos atendes. Amém!

01

Foi assim

Coma à vontade dos frutos de todas as árvores do jardim, exceto da árvore do conhecimento do bem e do mal. Se você comer desse fruto, com certeza morrerá.

Gênesis 2:16-17

Morremos em relacionamentos tóxicos, falta de amor-próprio, falta de amor ao próximo, falta de conhecimento. Morremos escolhendo o mal, mesmo avisadas de que ele está à espreita. Morre o melhor de nós em escolhas malditas, prazeres do engano, palavras de encanto e desejos doentios.

Queremos independência, mas estamos mais ansiosas e frustradas a cada dia. Cheias de inseguranças, escondemos a idade, nos maltratamos por causa dos padrões e fingimos ser quem não somos para agradar os outros. Sobram as dívidas com a vida. Restam as cobranças, a sobrecarga, a falta de sentido, a mente cansada.

Como Eva e seu marido se esconderam de Deus, nos escondemos também. Já percebeu? Nos escondemos num emaranhado de ideias, fantasias, ideologias e sensações. Tentadas pelas próprias vontades. Traídas pela vaidade de ser além do que somos. Não somos como Deus, segundo sugeriu a serpente. Somos filhas de Deus. Isso está esquecido, mas é quem somos.

Dizia Eva: "Foi ela. Foi a serpente quem me enganou". Não parecia mal. Era suave, sutil, envolvente.

Ainda nos perdemos pelos mesmos atrativos. Basta que uma ideia, uma sugestão nos pareça boa. Que pareça novidade, sucesso

Queremos
independência,
mas estamos mais
ansiosas e frustradas
a cada dia.

e poder. Basta ouvir uma promessa de que seremos felizes, e não consultamos quem a fez.

Naquele momento, seus olhos se abriram, e eles perceberam que estavam nus. Por isso, costuraram folhas de figueira umas às outras para se cobrirem.

(Gênesis 3:7)

Não adianta o esforço para dar um jeitinho no mal. O mal se enfrenta com o poder de Deus. É inútil disfarçar. Costuramos nossos achismos e nos vestimos com eles. Nos vestimos de culpas, desculpas, narrativas... Assim temos seguido: remendando a vida.

Aconteceu, porém, que Deus nos revestiu de amor e graça. Cobriu-nos de compaixão. Passamos da morte e renascemos na misericórdia do Pai. Fomos cobertas não de folhas, que murcham e logo mostram a nossa nudez, mas da pele do Cordeiro com marca de sangue. Vestes de salvação, sob medida, feitas pelo próprio Deus, para restituir a paz. Morreu o Cordeiro para eu não morrer no pecado. Morreu o Filho de Deus para eu ter vida eterna e ser filha também.

Deus faz trocas incríveis. Vai do caos para a ordem; das trevas para a luz; da tristeza para a alegria; da nudez que o mal produz para a delicadeza de uma vida revestida pelo Espírito. Nos oferece vestes tecidas na graça, com os fios da compaixão, perdão e salvação. Ele quer nos vestir assim. Deixe que Ele a vista. Essa veste foi feita no seu tamanho. Peça única. Não há moeda que pague o valor dela. É um presente. Justamente apropriada para cobrir suas vergonhas morais, mentais e espirituais.

02

A doença
e a cura

Sua cabeça está ferida, seu coração está
enfermo. Estão machucados da cabeça aos pés,
cheios de contusões, vergões e feridas abertas,
e não há ataduras nem óleo para dar alívio.

Isaías 1:5-6

A enfermidade se alastra. Estamos doentes dos pés à cabeça. Não falo somente do que dói e mata. Falo também daquilo que inflama a alma. O pecado destrói sonhos, esperanças, famílias e saúde. Corrói a imagem do Criador em nós. Pecamos e a vida se esvai.

Ai se não fosse a graça de Deus! Ai se não fosse o poder maravilhoso da graça que busca uma chance para nos devolver o dom de viver de verdade e para sempre. A cura é o amor que flui do coração do Pai ao coração do Filho; Filho que derramou em nós amor da mesma espécie. Amor que penetra na alma e nos cura do egoísmo. Cura o caráter deformado, regenera os sentidos e provê paz mental quando há quase uma pandemia de doenças emocionais no mundo.

Deus não se explica. Ele apenas é desde o princípio. A própria criação carrega em si provas da grandeza Dele. Nem os incrédulos podem negá-lo: "Por meio de tudo que ele fez desde a criação do mundo, podem perceber claramente seus atributos invisíveis: seu poder eterno e sua natureza divina. Portanto, não têm desculpa alguma" (Romanos 1:20).

Amor e cura

No princípio, Ele fez tudo e criou tudo, especialmente você. Do princípio ao fim, Ele é onipotente e onipresente. Nada escapa ao Seu conhecimento e à Sua sabedoria. Nada! Não foi pego de surpresa quando o mal se levantou e a morte surgiu. Não tem plano A e B. Tem um só plano, completo e perfeito: "Deus amou tanto o mundo que deu seu Filho único, para que todo o que nele crer não pereça, mas tenha a vida eterna" (João 3:16).

Então, vamos combinar que este é o ponto de partida: crer que Deus tem total poder sobre a vida. O nosso encontro nesta leitura é um chamado à consciência de que somos inteiramente Dele, numa ligação direta e profunda. Fomos amadas e dotadas de lindas capacidades, mas somente seremos plenas e felizes se estivermos ligadas à fonte eterna do amor e poder de Deus. Qualquer outra ideia é engano. A altura, largura e profundidade da vida é ser Dele e estar Nele. Viver por Ele e para Ele. "Pois nele vivemos, nos movemos e existimos" (Atos 17:28).

É indispensável que, além de crer no Eterno, você aceite que Ele a ama incondicionalmente. Creia que não existe nada — nenhum pecado, nenhuma ofensa, nada sobre a face da Terra ou em todo o universo — que O faça deixar de amá-la. Não é maravilhoso saber disso, minha amiga? Porém, se nossa fé não estiver plantada sobre essa verdade, ela será frágil e de pouco alcance na sua experiência. Não basta saber, é preciso crer nisso e viver de acordo.

Levantam-se dúvidas: "Será que Ele me ouve? Será que ainda me ama? Será que me perdoou?". Entenda, creia e receba a maravilhosa verdade: Deus é amor e está disponível para além do que

É indispensável
que, além de crer
no Eterno, você
aceite que Ele a ama
incondicionalmente.

podemos imaginar. O Deus supremo se importa com gente miúda como nós, e nos faz participantes da Sua grandeza.

Todas as vezes é o Eterno quem nos convida. Ele é quem primeiro oferece um lugar em Seu abraço para doar graça e restauração. Não é ríspido e não nos lança fora da Sua presença. Ele é amor para a vida toda. É amor sempre vivo! Creia: você é amada, pois Ele diz: "Eu amei você com amor eterno, com amor leal a atraí para mim" (Jeremias 31:3).

Esse amor inunda todo o corpo. Toca cada célula, cada partícula de você. Amor que corre como fogo, de uma extremidade à outra; da cabeça aos pés, transmitindo vida. Amor que liberta das aflições e traz paz.

Conheço muitas mulheres que "praticam religião", mas são infelizes e doentes. Carregam diagnósticos como quem carrega um RG. Até se esquecem de quem são. Perderam o brilho dos olhos. As palavras são insípidas, fracas e falsas. Dizem viver, mas morrem de desgostos, traumas, pecados secretos, aflições atrozes. Quem dera sua religião as religasse ao céu e resgatasse o sorriso, o doce da voz e um canto de gratidão.

Conheça uma mulher que tinha religião, mas não tinha saúde ou liberdade:

> *Certo sábado, quando Jesus ensinava numa*
> *sinagoga, apareceu uma mulher enferma por*
> *causa de um espírito impuro. Andava encurvada*
> *havia dezoito anos e não conseguia se endireitar.*
> *Ao vê-la, Jesus a chamou para perto e disse:*

Nossos sentimentos
podem ser uma forma
de prisão.

Amor e cura

"Mulher, você está curada de sua doença!". Então
ele a tocou e, no mesmo instante, ela conseguiu
se endireitar e começou a louvar a Deus.

(Lucas 13:10-13)

Ela não era pagã: frequentava a sinagoga, conhecia os ritos e a lei. Isso nos diz que ocupar um lugar na comunidade que invoca o nome de Deus não significa estar em harmonia com o céu a ponto de cancelar as obras de Satanás. Isso nos diz que o Destruidor encontra canais para despejar sobre nós culpas malditas que nos quebram e torcem nossos pensamentos, sentimentos, órgãos e ossos.

Vejo igrejas lotadas de mulheres, mas muitas ali se arrastam como que tomadas por um espírito de morte. Parecem perdidas, indo e vindo, ora apáticas, ora desesperadas. Disfarçadas com enfeites, maquiagem, fotos, filtros, causas e coisas banais, sucumbindo à falta. Falta abraço, apoio, carinho, reconhecimento e sentido. Mesmo no lugar de culto, necessitam do que ainda não aconteceu: um encontro real e total com o Único que pode verdadeiramente restaurá-las.

"Andava encurvada havia dezoito anos." Quase duas décadas de sofrimento. Quantas outras estão como ela? Frequentam igrejas, mas... Conhecem o evangelho, mas... Creem no sacrifício de Jesus, mas... Ainda não se deram conta de que "o Filho de Deus veio, para destruir as obras do diabo" (1João 3:8). Por isso, não há motivo algum para se permitir andar de cabeça baixa.

A mulher encurvada, em algum momento, cedeu a mente a um espírito impuro, que, por sua vez, lhe adoeceu o corpo.

A doença e a cura

Com certeza, primeiro a seduziu com historinhas fáceis de prazer imediato. Foi ganhando espaço até que a convenceu de que pertencia a ele. Possuiu-a. Destruiu longos dezoito anos da vida com pensamentos cativos, coluna envergada, movimentos contidos e limitados. Ali estava uma refém de diabólicas artimanhas. Como pode tal coisa? Será que só aconteceu com ela? Com outras mulheres não? O que importa, porém, é que Jesus chegou um dia à vida daquela mulher escrava de Satanás e a sentenciou com libertação. Houve cura!

E sua cura, amada? E sua libertação? Acredita que também seja real, agora, para você? Você pode não ter chegado a uma possessão daquela natureza, mas há uma opressão infernal sobre sua cabeça. Uma forma de opressão é esse sentimento que você alimenta com falta de confiança no amor de Deus para regenerar tudo em você e em sua história.

Você diz: "Não sinto que Deus me perdoou". Amiga, você está acreditando mais em seus sentimentos mortais do que na Palavra imortal do Senhor Jesus? Ele diz: "Eu também não a condeno" (João 8:11). Se Ele disse que não condena, então não há por que duvidar. Está declarado: "Se creres, verás a glória de Deus" (João 11:40). Jesus não disse "Se *sentires*, verás a glória de Deus". Nossos sentimentos não devem nos guiar, principalmente sentimentos apartados do Espírito Santo.

Quando uma mulher casada diz que está sentindo algo lindo por um homem que não é marido dela, um coração natural dirá que é amor; entretanto, um coração renovado pela luz da verdade saberá que é mentira. Deus é amor, e o Espírito Santo jamais derramará amor em nosso coração com vistas ao adultério, à destruição de uma família, à quebra da aliança sagrada. O que acontece é que sentimentos são postos no lugar da verdade e da razão. Somos seduzidas pelas sensações. Um coração natural dirá que não há mais amor e não há o que fazer para restaurá-lo. Como assim? Deus mente? Ele disse que é impossível que algo escape ao Seu poder. No passado e no presente, Ele é o mesmo Deus. Se você diz que crê nisso, por que não vive?

"Já tentei de tudo e não deu certo." Nada dá certo mesmo! Não dá certo quando investimos nossa força e nossos sentimentos em causas desgastadas pela dureza do coração humano. Concentramos energia no problema. Perdemos o sono, a saúde, a paz. A ansiedade domina os pensamentos. Que terrível situação! Tentou, quase acreditou, mas a fé vacilou. Jesus chama isso de insanidade e paganismo.

Vamos voltar à mulher encurvada, lá na sinagoga. Jesus a viu. Ah, como é bom ser notada! Como é especial ser vista por quem dá valor ao que os olhos contemplam. Se toda mulher fosse vista por quem sabe olhar com amor, não haveria motivo para as corcundas sentimentais. É tão bonito quando um homem olha a essência de uma mulher, o sublime de sua feminilidade. Quando a vê como filha, como irmã, como quem realmente é. Quando olha para amar, abençoar e fazer o bem. Jesus fez assim. Olhou como quem ama uma filha e a convidou para chegar mais perto. Ela foi. Não quer você fazer o mesmo? Não tenha medo, se aproxime. Jesus a chama hoje. Você que anda por perto, mas que ainda dá voltas no seu deserto sem se entregar. Você que diz ter fé, mas que não experimentou a fé que conduz para os braços cuidadosos do Senhor. Achegue-se.

Jesus colocou a mão sobre a cabeça da mulher doente e a declarou curada. Imediatamente ela se levantou e começou a louvar o Senhor. Este é o primeiro sinal de que o Espírito de Deus prevaleceu: nosso coração se enche de louvor e gratidão. Satanás aprisiona, oprime, adoece e destrói, mas a voz de Deus vivifica: "As palavras que eu lhes disse são espírito e vida" (João 6:63). Quando foi dito: "Mulher, você está curada de sua doença", ela imediatamente se levantou. Eu creio em milagres imediatos. Eu creio que quando o Senhor manda, nada nem ninguém pode contrariá-lo. As trevas batem em retirada. A que fora possuída por um espírito de enfermidade por um período tão longo foi encontrada por Jesus Cristo, e rapidamente o jugo que carregava nas costas foi desfeito. Jesus a fez feliz e ela se ergueu para louvar.

Ninguém que esteve na presença de Jesus, creu e obedeceu à Sua ordem continua aprisionado. Ninguém que atende Seu chamado continua possuído de agonia. É simplesmente uma questão de crer que Ele, com uma palavra, ordena, e tudo acontece. E acontece dentro de nós.

Primeiro, a mulher do relato acreditou. Quando foi até Ele, foi para receber, não para tentar. Ela sabia que aquela voz não era comum e creu. Ela sabia que aquele passo significava um novo começo. Minha amiga, o que falta para você dar o primeiro passo?

Ninguém que atende
Seu chamado continua
possuído de agonia.

O que tem prendido os seus pés que a impede de atender o chamado da cura?

Porém, não quero dar ênfase nessa cura unicamente pelo fato de ela ter acontecido de modo a desfazer a corcunda daquela mulher. Lembre-se de que ela primeiramente era tomada por uma doença espiritual. Era esse o motivo de ser aleijada. A cura que o Filho de Deus promoveu a libertou, antes de tudo, em termos espirituais. Jesus não apenas colocou cada vértebra no lugar. Compreenda isso antes de achar que a cura de anomalias na carne e nos ossos é a principal. Não. Nenhuma vida é vivida em profundidade apenas por causa de saúde, mas todos que foram tocados na essência, no entendimento e no significado de existir num encontro com o Criador podem se levantar em resposta a tamanho favor.

Há poder para curar a úlcera, a febre, a lepra, a depressão, o pânico e qualquer outra enfermidade, e esse mesmo poder regenera sobretudo sua natureza espiritual. Nossa relação com Ele precisa chegar ao nível da Sua convocação — "Venham a mim todos vocês que estão cansados e sobrecarregados, e eu lhes darei descanso" (Mateus 11:28) — e seguir em liberdade. "Você está curada! A sua fé a curou! Os seus pecados foram perdoados!", diz Jesus ainda hoje.

Há uma relação direta entre os fenômenos de morte e o pecado. Toda a natureza se ressentiu quando esse intruso achou lugar entre nós. Há cheiro de morte em toda a parte. Nenhum lugar é perfeito na terra, mas manifesta-se a misericórdia de Deus diante de nós e Ele nos socorre com amor. "Mas, para vocês que temem meu nome, o sol da justiça se levantará, trazendo cura em suas asas" (Malaquias 4:2).

> Todos os recursos do mundo não podem curar um coração quebrantado, nem comunicar paz de espírito, ou banir a enfermidade da alma. A fama, o gênio, o talento — são todos impotentes para alegrar um coração dolorido ou restaurar uma vida arruinada. A vida de Deus na alma, eis a única esperança do homem.[1]

A verdadeira cura não é somente uma doença tratada, mas a restauração do ser por completo. "Que o Deus da paz os torne santos em todos os aspectos, e que o espírito, a alma e o corpo de vocês sejam mantidos irrepreensíveis até a volta de nosso Senhor Jesus Cristo" (1 Tessalonicenses 5:23). O evangelho abrange a salvação em todas as áreas da vida. A vida em abundância que Jesus veio nos dar inclui tudo: todos os hábitos, costumes, pensamentos, relacionamentos. Tudo. Especialmente o caráter.

"As palavras que eu lhes disse são espírito e vida" (João 6:63). Se lhe falta ânimo, força, coragem, fé, saúde e sossego, aproprie-se das promessas do Deus altíssimo. Ele é fiel.

---

[1] Ellen G. White. *A ciência do bom viver*. Tatuí: CPB, p. 115.

Oração

Deus Excelso, tão soberano e tão próximo. Se minha devoção for sincera, recebe-a, Senhor. Alcançada por Teu amor, não resisto e me entrego. Não fujo mais. Não quero mais ser possuída por dúvidas, mágoas, traumas, nem ser vulnerável a forças malignas. Desejo de todo o meu coração ser liberta e curada pela Tua graça.

Confirma esta palavra: "Não me deixes cair em tentação". Quero permanecer na videira. Almejo o fruto do Espírito. Não busco outro lugar nem outro nome: Somente o Teu, meu Senhor, somente o Senhor. Visita todos os cantinhos da minha alma e derrama Tua cura. Não deixa nenhuma ferida aberta.

Santo, Santo, Santo Deus, cura minha visão. Quero enxergar Teu mover sobrenatural e não confundi-lo com as trapaças do Enganador.

Santo, Santo, Santo Senhor, purifica minha mente e meu corpo. Aceito ser oferta agradável a Ti em sacrifício vivo: obediência.

Em Teu Espírito, em Teu poder e em Tua Palavra. Em nome de Jesus, o Cordeiro que tira o pecado do mundo; bendito sê para sempre!

03

Nossa fé

Concentro todos os meus esforços nisto:
esquecendo-me do passado e olhando para
o que está adiante, prossigo para o final da
corrida, a fim de receber o prêmio celestial
para o qual Deus nos chama em Cristo Jesus.

Filipenses 3:13-14

Cremos no que dizem o especialista, o Google e a propaganda. Seguimos a dieta da moda e confiamos no produto que promete o impossível.

Ah, como somos crentes. Quantas mulheres creem em juramentos de homens e desacreditam as promessas de Deus. Creem que o suco é "detox", que a dieta é infalível, que o feminismo luta pelo nosso bem mais do que creem nas promessas de Deus. Cremos na pílula que promete milagres mais do que no "Assim diz o Senhor". Somos mais crentes no que dizem os mortais do que na sabedoria do Eterno. Tomamos cápsulas, seguimos fórmulas e bebemos chás, mas não engolimos a verdade que sara. Preferimos ler o que dizem os *posts*, as influenciadoras e a sorte, mas não lemos com o mesmo interesse as Escrituras Sagradas.

Amada, enquanto não formos envolvidas completamente pelo que é celestial, os consultórios estarão cheios, os terapeutas atendendo com agendas lotadas, os laboratórios criando remédios e as vidas caindo aos pedaços. Somente quando criatura e Criador estiverem em harmonia, o estado de paz será completo. Os nervos, as células, os genes, os pensamentos, as vontades precisam ser tocados pelo poder do amor. Do amor de Deus.

Leio assim nas Sagradas Escrituras: "Pois nós somos colaboradores de Deus" (1Coríntios 3:9). Isso é maravilhoso! Somos cooperadoras no ambiente natural em sintonia com o sobrenatural. Deus age e nós reagimos ao Seu poder. Ele assume o controle da vida, nós obedecemos e o curso da nossa história pessoal nunca mais será como antes. Afinal, "Deus não nos deu um Espírito que produz temor e covardia, mas sim que nos dá poder, amor e autocontrole" (2Timóteo 1:7).

As amarras são desfeitas, mulher querida. Não faz sentido você permanecer em condições abaixo do que é digno. Olhe que palavra de ânimo o apóstolo Paulo diz: "Concentro todos os meus esforços nisto: esquecendo-me do passado e olhando para o que está adiante, prossigo para o final da corrida, a fim de receber o prêmio celestial para o qual Deus nos chama em Cristo Jesus" (Filipenses 3:13-14).

Os que estão ligados a um Deus tão absoluto e bom deveriam ser os que mais vivem a paz de Cristo na terra. Mas por que não vivem? Talvez porque nossa busca seja pela felicidade. Todas nós queremos ser felizes, mas será que estamos dispostas a seguir o caminho para ela? Só há uma maneira de viver feliz: voltando-se para Deus. Só isso. Sem mistério. Sem dar voltas em torno de teorias. Enquanto estivermos distantes das mãos do amado Deus, não viveremos a verdadeira alegria.

Deram o nome de felicidade às ilusões. Há gente dependendo da maquiagem, da roupa, da balada, do lugar, de uma pessoa ou de um estado civil para então dizer que é feliz. Dependendo dos amigos, do sexo, do dinheiro. E se algo faltar? E se der errado? Se a roupa manchar, a festa acabar, o lugar perder a graça? Se o luto chegar, a doença humilhar, o que fazer? E se o estado civil não mudar e se você não tiver o que "todo mundo tem"? Correrá de um lado para outro, perderá o sossego do travesseiro na calma da noite e se entregará para a angústia? Ou dirá como o rei e salmista Davi quando o próprio filho se rebelava contra ele: "Em paz me deitarei e dormirei, pois somente tu, SENHOR, me guardas em segurança" (Salmos 4:8).

A vida em Cristo é vida de verdadeira alegria. Uma vida sempre perturbada, desassossegada, dá sinais da ausência do Espírito de Deus. Afinal, da mesma forma que acalmava o vento e as onda bravas do mar, Cristo acalma qualquer um que confie a Ele sua alma ansiosa. Assim como libertou os cativos de Satanás no passado, tem o mesmo poder e autoridade para libertar outros em qualquer tempo e lugar. Tendo Cristo, nossas atitudes são moldadas por Ele. Negamos os excessos do eu para olhar com amor a quem está à volta e precisa de amparo. Nosso caráter passa a se parecer com o de Cristo. Ele mesmo quer nos moldar, ensinar, transformar: "Deixem que eu lhes ensine, pois sou manso e humilde de coração, e encontrarão descanso para a alma" (Mateus 11:29). Humildade e mansidão nos fazem feliz e tornam sã a mente.

"Logo, todo aquele que está em Cristo se tornou nova criação. A velha vida acabou, e uma nova vida teve início!" (2Coríntios 5:17). Observe que a nova vida que teve início inclui pensamentos, sentimentos, emoções, hábitos e comportamento. Hoje é dia de aceitar Jesus e empreender uma jornada com o Salvador rumo a uma nova vida. Uma vida com boa saúde física, mental e espiritual: "O coração alegre é um bom remédio" (Provérbios 17:22). Uma mente calma e satisfeita em Deus promove saúde, pois andar com Jesus é andar na luz, não nas trevas. Há um doce descanso e paz em Jesus, e isso nos é comunicado pelo Espírito Santo e percebido em nosso semblante, em nossas palavras e em nosso cotidiano. Os cristãos enfrentam tristezas, mas não são desesperados. Pela graça de Jesus, experimentam serenidade e confiança, mesmo em situações difíceis. Atente para esta verdade:

Agora, Israel, o que o SENHOR, seu Deus, requer
de você? Somente que você tema o SENHOR,
seu Deus, que viva de maneira agradável a
ele e que ame e sirva ao SENHOR, seu Deus,
de todo o coração e de toda a alma. Obedeça
sempre aos mandamentos e decretos do SENHOR
que hoje lhe dou para o seu próprio bem.

(Deuteronômio 10:12-13)

É para o bem que Deus deixou mandamentos. Na tentativa de sermos felizes independentemente, enveredamos por escolhas egoístas, com vontade própria e cega. Não consultamos a Deus. Nos apartamos do temor a Ele. Não temos medo de seguir o coração carnal. Essa felicidade mundana tão desejada por muitos é falsa e transitória. Querida amiga, a filosofia do "siga seu coração" é uma mentira. A regra da vida é: "ame e sirva ao SENHOR, seu Deus, de todo o coração e de toda a alma [...], submetam-se a ele de coração e deixem de ser teimosos" (Deuteronômio 10:12,16).

Nossa infelicidade tem a ver com nossa rebeldia, teimosia, insubmissão. Não consultamos a Deus sobre nossas preferências e intenções, mas queremos que as promessas Dele se cumpram para nos livrar do mal mesmo quando escolhemos mal e sob espírito de rebeldia.

"Nosso coração se entristece, mas sempre temos alegria. Somos pobres, mas enriquecemos a muitos outros. Não possuímos nada e, no entanto, temos tudo" (2Coríntios 6:10). Temos tudo! Alcançar isso é alcançar plenitude. É desfrutar da fé em sua força. Parece ilógico, mas esta é a lógica de estar em Deus: "Se, contudo, observarem atentamente a lei perfeita que os liberta, perseverarem nela e a puserem em prática sem esquecer o que ouviram, serão felizes no que fizerem" (Tiago 1:25).

"Se houver espinhos e mato crescendo ali, eu os atacarei e os queimarei, a menos que se voltem para mim e me peçam ajuda. Que façam as pazes comigo, sim, que façam as pazes comigo" (Isaías 27:4-5). Se os espinhos não foram destruídos ainda, não é porque Deus não está ouvindo suas súplicas. Antes de declarar guerra ao seu sofrimento, por favor, aceite o convite do Eterno e faça as pazes com Ele. A experiência com Ele não se explica com vocabulário comum, mas é verdade espiritual extraordinária. Está separada das meias-verdades e das mentiras inteiras que entulharam sua mente.

Chega de fé leviana. É tempo urgente de se agarrar à última chance de misericórdia. Essa vida vai acabar. Esse mundo vai passar. Suas mais ricas expectativas terrenas serão como pó. Tudo o que construir sem a coluna da fé em Jesus Cristo irá desabar. O convite é para você viver o final feliz. O roteiro está pronto. O Autor já escreveu seu futuro. Abandone qualquer pensamento miúdo e acanhado. Você não é comum. Sua vida é de outra natureza. Sua fé é mais que defender a existência de Deus. É muito mais do que fazer orações rápidas, leituras corridas, frequentar igrejas, cantar canções que emocionam, ouvir pregações bonitas e defender que o pregador é bom, gritar pelo seu ídolo gospel ou satanizar os discordantes.

Carecemos de uma nova maneira de pensar. Devemos pensar como Cristo, afinal, "nós temos a mente de Cristo" (1Coríntios 2:16). A reviravolta que Ele quer fazer em nós é tão grande que passa por mudar a nossa mente. O apóstolo Paulo ensina que se recebemos o Espírito que sonda "os segredos mais profundos de Deus" (1Coríntios 2:10), temos, então, a mente e os pensamentos de Deus. Houve um tempo em que o apóstolo dizia: "quero fazer o que é certo, mas não o faço. Em vez disso, faço aquilo que odeio" (Romanos 7:15). Era a carne querendo amordaçar o Espírito, mas foi combatendo com as armas de Cristo, insistindo e confiando inteiramente na graça que Paulo ficou preso a Jesus para descobrir Nele o que significa ser livre. O domínio do Senhor fez dele uma nova criatura. Então, declarou com a boca e com a vida: "Já não sou eu quem vive, mas Cristo vive em mim" (Gálatas 2:20).

A natureza espiritual se fortaleceu, e um homem novo nasceu. Houve novidade de vida no modo de pensar, nos costumes, nas palavras, nos gestos, no amor genuíno. Sua mente se assemelhava à de Cristo. Seus pensamentos eram inspirados pelo Divino. Contemplava a grandeza de Deus e ficava extasiado. Essa é também a vontade de Deus para você.

Agora, pense comigo: quando a mente de Cristo é a sua, como se manifestam os pensamentos e sentimentos? É uma mente enferma ou sã? As emoções são perturbadoras ou serenas? Como você entende o "ter a mente de Cristo"?

Lembro-me de uma antiga canção do Padre Zezinho. Canção da minha infância, que ficou inculcada entre as melhores lembranças e responde com simplicidade a essas perguntas:

Amar como Jesus amou
Sonhar como Jesus sonhou
Pensar como Jesus pensou
Viver como Jesus viveu
Sentir o que Jesus sentia
Sorrir como Jesus sorria
E ao chegar ao fim do dia
Eu sei que dormiria muito mais feliz

Minha amiga, vivemos as verdades conhecidas como se fossem quase mentiras. Parece que não têm efeito profundo. Não são fortalezas na mente e no corpo. Vamos levando a vida, declarando uma fé sem frutos, jogadas em bancos de igrejas ou pregando o que não vivemos. Não nos arriscamos a viver pela fé. Fé que prevalece. Fé que alcança o impossível não pelo sentimento, mas pela convicção de que Deus é fiel e faz Seus filhos felizes.

Tal fé não é meramente confessar com a boca que Jesus Cristo é o Senhor, mas viver sob a perspectiva da regeneração e do vigor mental, espiritual e físico, promovido pela certeza de que Deus comanda a vida. Ter a mente de Cristo é consequência de uma convivência constante e farta com o Espírito Santo. É resultado da insistência de quem não aceita menos do que ser semelhante a Jesus. É a perseverante coragem de lutar com armas espirituais contra tudo que se levanta para destruir nossa identidade e intimidade com o céu. Isso inclui ideias e pensamentos, tais como sugestões malignas de ódio, mágoa, amargura ou vitimização, falta de amor-próprio, medo e culpa.

"Embora sejamos humanos, não lutamos conforme os padrões humanos" (2Coríntios 10:3). Atenção para este segredo: os padrões artificiais desse mundo não entram em acordo com a nova natureza que Deus está recriando em nós. Nossa linguagem e nosso modo de enfrentar a vida não se baseiam meramente em argumentos científicos, psicológicos, políticos, sociais ou em qualquer gênero de ideologia ou filosofia. Nossa luta é além do corpo físico, além do que vemos e sentimos.

Não nos encaixamos no modelo caótico, corrupto e falido das especulações humanas. Enquanto não houver essa compreensão, continuaremos enganadas por todo o tipo de astúcia do Destruidor. Seremos encaixotadas em diagnósticos e prognósticos. Viveremos de teoria em teoria, buscando uma verdade que não alcançamos. Veremos nosso corpo e nossa mente definharem pelo veneno da desobediência aos mandamentos do Senhor.

"Usamos as armas poderosas de Deus, e não as armas do mundo, para derrubar as fortalezas do raciocínio humano e acabar com os falsos argumentos" (2Coríntios 10:4). Os remédios dos homens não curam as mazelas da alma. São paliativos. Não é meramente o saber humano que ressuscita o que morre de medo, trauma, ansiedade, tristeza, depressão. Não é a mão do homem que cura os que estão "machucados da cabeça aos pés" (Isaías 1:6), os que carregam culpas. Acima de tudo, é preciso combater as mentiras e os ataques contra o governo de Deus em sua vida. Seu governo é de perdão e salvação. Aconteça o que acontecer, Ele quer corrigir a sua vida. E se qualquer vento de dúvida contrariar essa verdade, aprenda a destruí-lo com o poder da Palavra e do Espírito.

"Destruímos todas as opiniões arrogantes que impedem as pessoas de conhecer a Deus. Levamos cativo todo pensamento rebelde e o ensinamos a obedecer a Cristo" (2Coríntios 10:5). Não será simples. Vai requerer esforço intencional para manter seus pensamentos no lugar de onde nunca devem sair: Cristo. Os pensamentos arrogantes precisam ser dominados como bichinhos rebeldes que não querem ouvir a voz do dono, mas fazer o que o desejo manda. Precisam ser submetidos ao senhorio do Pai.

Você crê mesmo que Jesus foi para a cruz sentindo vontade de morrer? O choro de Jesus no Getsêmani não foi de quem estava sentindo alegria na morte e no sacrifício, e isso nos dá uma lição perfeita: nosso Senhor e Salvador não agia por sentimentos. Sentimentos são verdadeiros indicadores de que somos humanos, mas Jesus nos ensinou que prevalece a convicção de que há um dever, ainda que o dever seja uma cruz para carregar. Ele a carregou, suportou e venceu. Venceu com choro, sangue e dor, mas também com amor, muito amor.

Somente quando há amor-princípio é possível suportar a cruz. Amor-sentimento não suportaria. Amor-princípio se mede pelo compromisso, pelo propósito. A cruz não era uma necessidade de Jesus, mas nossa. Ele a tomou como propósito, por isso o pedido "Meu Pai! Se for possível, afasta de mim este cálice" (Mateus 26:39) contrasta com o nosso Senhor pendurado no madeiro. Ele sentia medo não exatamente da dor, mas da separação do Pai. No entanto, não foi possível passar o cálice. Não foi possível passar de largo pela cruz. Lá se foi o Mestre cumprir o pacto. Venceu o sentimento por um propósito maior que a própria vida.

Nossa fé

Muitas vezes não é possível evitar a dor, a vergonha, a humilhação, a doença e a morte, mas, do lado de cá da eternidade, este é o grande desafio: viver além da cruz. É preciso crer que o fardo ainda terá peso de glória.

04

Como dominar as vontades

Portanto, quer vocês comam, quer bebam, quer façam qualquer outra coisa, façam para a glória de Deus.

1Coríntios 10:31

Lembro-me de uma senhorinha muito querida que encontrei certa vez. Depois de um abraço gostoso, estávamos conversando quando notei um curativo em sua perna. Fiquei curiosa e perguntei sobre a ferida. Ela me contou que era uma úlcera que não cicatrizava havia muito tempo. Resolvi perguntar como era sua alimentação, se consumia açúcar, o que poderia dificultar a cicatrização. Ela me respondeu que sim, e com uma carinha tão meiga, mas também com ares de vencida, respondeu: "Já tentei de tudo, minha filha. Até consegui ficar três dias sem um docinho. Mas gosto tanto que não resisto. Se ficar curada depender de deixar o meu doce de leite, acho que não consigo". Ela sorriu. Eu também achei graça, mas ao mesmo tempo lamentei por nós. Quem não tem um "docinho" que domina nossa vontade?

Eu sei que a maioria das mulheres tem uma ruga a temer, um quilo a perder, uma balança a evitar. Isso gera ansiedade, insatisfação e comprometimento da autoimagem. É um dos temas mais comentados e o milagre mais desejado: comer tudo o que quer sem ganhar peso. Será mesmo que a questão é só ganhar ou perder peso? Não, minha amiga, não é mesmo. Há muito mais que calorias pra acumular. Vamos pensar além da comida e do sabor? O que dizer do poder do apetite?

"Portanto, quer vocês comam, quer bebam, quer façam qualquer outra coisa, façam para a glória de Deus" (1Coríntios 10:31). Cuidar do apetite é uma das principais necessidades. Não é uma fraqueza nova: Eva foi seduzida pelo apetite; Adão foi vencido pelo apetite; Esaú vendeu a primogenitura por causa dele; parte do povo de Deus no deserto desprezou o maná, o pão que vinha do céu, enquanto desejava saciar o apetite com as coisas deixadas no Egito. Essas são significativas amostras de que a guerra contra o apetite é antiga.

Para entendermos um pouco sobre o quanto este tema é de interesse do céu, atente aos motivos pelos quais Jesus jejuou por quarenta dias. Com certeza Ele não ficou tanto tempo jejuando no deserto apenas num retiro espiritual. No quebrantamento do corpo, o Filho de Deus nos deixou o exemplo: é possível resistir. Por Ele ter vencido, nos foi dado poder para resistir a qualquer tentação.

Satanás foi sutil. Ofereceu a Jesus pão, poder e prazer. Estava se aproveitando e abusando do estado em que Jesus se encontrava. Mas a força humana e o poder divino fizeram Jesus vencedor também sobre o apetite.

Amada, não é possível sermos plenas em nossas conquistas se não associarmos tudo que faz parte da vida ao plano da salvação. Não é uma questão de estética, peso ou manequim. Comer, beber, vestir, ouvir, falar, pensar, trabalhar e existir têm a ver com salvação e perdição. Jesus resistiu à tentação por meio da Palavra poderosa de Deus: "'Uma pessoa não vive só de pão, mas de toda palavra que vem da boca de Deus'" (Mateus 4:4). Agarrou-se às

Não é possível sermos plenas em nossas conquistas se não associarmos tudo que faz parte da vida ao plano da salvação.

promessas que o alimentavam no momento de tão grande aflição. Imagine a cena. Contemple o Inocente de Deus sendo humilhado, espezinhado, ofendido por Satanás, enquanto resiste. Sabe por que resiste? Por amor. Se não fosse o que Ele fez, seríamos escravas de nossos apetites.

Em Cristo recebemos o poder de resistir tanto às potestades como a um simples doce. O primeiro Adão não resistiu, mas o segundo Adão, Jesus, foi vencedor para que você e eu sejamos fortes para dizer não. Liberdade tem a ver com escolher a vontade de Deus. Vou repetir: "Portanto, quer vocês comam, quer bebam, quer façam qualquer outra coisa, façam para a glória de Deus" (1Coríntios 10:31).

Uma porta de vício pode estar aberta e talvez você não tenha se dado conta. Olhe para a graça de Deus como um auxílio poderoso para transformá-la por completo: seu paladar, sua compulsão e até mesmo uma possível ignorância a respeito do que é vital.

Creia que o Deus poderoso se importa com você integralmente. Os frutos do Espírito são vistos numa vida livre de vícios e obediente às ordenanças do Senhor no que diz respeito a abandonar o que produz fenômenos de morte, a fim de viver uma vida além da média. Quando somos complacentes com o apetite, sem considerar o propósito de Deus ao nos dar o alimento, cometemos pecado! E tudo aquilo que nos domina e toma o lugar de Deus é pecado. Você pode até dizer que não é bem assim. Mas eu lhe asseguro de que é. Como diz a Palavra: "Pois cada um é escravo daquilo que o controla" (2Pedro 2:19).

Quando sabemos que tal alimento faz mal, mas, ainda assim a nossa razão é vencida pelo desejo, somos escravas ou livres? Somos livres para escolher, mas se usamos essa liberdade para optar pelo mal, já não há liberdade para escolher os resultados que o mal produz. Quando estamos estressadas, atendemos às ordens do "deus apetite" e seguimos os seus mandamentos. Quantas mulheres dizem descontar na comida a raiva, a ansiedade, o medo. Quantas sofrem e se veem vencidas a cada prato, doce ou iguaria.

Entenda que o pecado não está na comida ou bebida, mas no desprezo à vida; assim como o pecado não estava no fruto proibido, mas na fatal fome de Eva. O pecado está em saber que Deus tem outro plano, outra vontade, mas escolher simplesmente o prazer pelo prazer. Escolher o que Jesus rejeitou no deserto da tentação. Escolher que as pedras sejam transformadas em pão e ser vencida à mesa.

Pois, como lhes disse muitas vezes, e o digo novamente com lágrimas nos olhos, há muitos cuja conduta mostra que são, na verdade, inimigos da cruz de Cristo. Estão rumando para a destruição. O deus deles é seu próprio apetite. Vangloriam-se de coisas vergonhosas e pensam apenas na vida terrena.

(Filipenses 3:18-19)

Nem nos damos conta de que, muitas vezes, nosso deus é o estômago. O Destruidor ofereceu comida para corromper e desfazer a imagem e semelhança que carregamos do Pai. Incrementou,

49

O pecado não está
na comida, mas no
desprezo à vida.

adulterou, engordurou, contaminou, embriagou, fermentou, empobreceu, misturou e roubou a vida dos alimentos. Depois, nos enlouqueceu com propagandas de corpos esbeltos, regimes, dietas e remédios. Sabe como nos livraremos do laço dessa morte? Apenas quando entendermos que o plano de vida do Criador é simples, quando entendermos que o que comemos deve carregar em si a vida de Deus para o nosso sustento.

Mas, afinal, somos livres ou escravas?

> *Pois o Senhor é o Espírito, e onde está o Espírito do Senhor, ali há liberdade. Portanto, todos nós, dos quais o véu foi removido, podemos ver e refletir a glória do Senhor, e o Senhor, que é o Espírito, nos transforma gradativamente à sua imagem gloriosa, deixando-nos cada vez mais parecidos com ele.*
>
> **(2Coríntios 3:17-18)**

Liberdade e transformação são resultados de uma vida que contempla a glória de Deus. Não é possível estar diante do poder absoluto do universo como se este não fosse poderoso o suficiente para nos dar o domínio próprio.

Nada pode nos escravizar quando já fomos resgatadas e libertas segundo a glória do Senhor, a menos que seja uma escolha nossa retroceder. Deus nos deu o domínio sobre nossos desejos: "O pecado está à porta, à sua espera, e deseja controlá-lo, mas é você quem deve dominá-lo" (Gênesis 4:7). Decore, escreva em grandes letras: "É você quem deve dominá-lo". O próprio Deus disse isso. Não é uma frase tirada de livros de autoajuda. É a verdade. Qualquer tentação pode ser dominada. A escolha é sempre nossa.

Não espere que Deus segure sua mão miraculosamente, quebre o prato e esconda o garfo. O que Ele faz é aceitar sua decisão e lhe dar o poder do Espírito Santo para resistir, se assim pedir.

Quebre-se aos pés do Senhor para ter domínio de si mesma. Que você usufrua do domínio sobre maus hábitos e compulsão. Domine o grito, a impaciência, a língua crítica, a mão que agride e o vício teimoso.

É certo que vivemos em um mundo doente e não podemos fugir completamente das sequelas do pecado, mas também não podemos viver sob uma perspectiva menor e mesquinha quando temos o grandioso poder e o amor de Deus a nosso favor. Ele nos dá a razão e o Espírito Santo para nos fazer vencedoras. Uma mulher de Deus, regenerada pelo Espírito, faz a vontade do Senhor. O nome disso não é dieta, é obediência ao Criador.

Contar calorias só aumenta a ansiedade de subir ou fugir da balança, mas ser dependente do Eterno e obediente a Ele faz subir ao céu. Aquele que soprou nas narinas de Adão o fôlego de vida, o grande Eu Sou, nos mantém vivas até agora. Cada batida do coração é porque Ele vive. Aceite o desafio de ser curada para amar e servir em amor. Diz o Senhor: "eu sou o Senhor que os cura" (Êxodo 15:26).

Não basta ser religiosa, ler a Bíblia, crer em Deus sentimentalmente; é imprescindível ser luz e sal da terra. E como faremos a diferença? Como seremos luz e sal se somos tão indisciplinadas e irreverentes com a vida quanto muitos dos que não reconhecem o Senhor? O que justifica sermos omissas e rebeldes contra os remédios de Deus? Não falo de curas miraculosas ou de imposição de mãos, ainda que tenham valor e que o próprio Jesus as tenha realizado. O mesmo Jesus, porém, disse a um doente curado: "deixe de pecar, para que nada pior lhe aconteça" (João 5:14). O que falo tem a ver com responsabilidade com o templo do Espírito Santo: o corpo. Está expressa a vontade de Deus nas seguintes palavras: "Amado, espero que você esteja bem e fisicamente tão sadio quanto é forte em espírito" (3João 1:2). "Ele perdoa todos os meus pecados e cura todas as minhas doenças. Ele me resgata da morte e me coroa de amor e misericórdia" (Salmos 103:3-4). Nossos esforços, combinados com tal poder e graça divinos, nos darão a saúde e a alegria almejadas.

Alguns hábitos também são remédio para o corpo e a mente. Expor-se adequadamente ao sol, usufruir dos benefícios da luz solar e da água, fazer higiene do sono, repousar, ter fé em Deus, ter equilíbrio no uso do que é saudável e se abster completamente do que faz mal são atitudes que estão ao nosso alcance e produzem saúde física, mental e espiritual.

Pergunte ao Criador como você pode honrá-Lo em todos os sentidos da sua vida. Que em tudo, seja seu desejo que Ele a inspire. Importe-se em fazer da mesa um altar ao Senhor, mais do que um banquete ao "deus ventre". Coopere com o Espírito Santo; Ele tem poder para mudar seus hábitos e gostos — mudanças que impactarão o caráter. Aliemos a oração aos nossos esforços pela

"Amado, espero que você esteja bem e fisicamente tão sadio quanto é forte em espírito."
(3João 1:2)

saúde. Cremos em um Deus que ouve as nossas súplicas. Ele disse: "Peçam, e receberão. Procurem, e encontrarão. Batam, e a porta lhes será aberta" (Mateus 7:7).

Se todos fossemos curados apenas pela oração, não haveria interesse algum em cooperar. Em muitas ocasiões, Deus não atende nossas orações por saúde porque nossa fé não foi aperfeiçoada pelas obras. Deus não operará um milagre para livrar da enfermidade os que não têm cuidado com a própria saúde. Quando, porém, fizermos nossa parte com todo empenho, então, oraremos e Ele responderá nossos pedidos por cura.

Veja, quando agimos em harmonia com a providencia de Deus, temos a oportunidade de experimentar vida abundante. Se cooperamos com o Doador da vida, que por nós ofereceu Sua própria vida, pensamentos e atitudes felizes nos tomam. Corpo, mente e alma são santificados. Nossa vida é uma luz a brilhar nas trevas. Seguindo as leis da saúde, quão felizes poderemos ser! Quão inteligente é não sacrificar a saúde sobre o altar do apetite e outros hábitos pervertidos. Quão inteligente e honroso é reconhecer que Jesus é capaz de sarar todas as nossas enfermidades se for para a glória Dele.

Comprometa-se com a vida. Os mais renomados especialistas têm considerado os exercícios como indispensáveis à saúde física e mental. Você ainda não sabe disso? Não sabe a importância deles para combater depressão, ansiedade, doenças cardiovasculares, câncer, e uma infinidade de fenômenos de morte? Quem não sabe que a alimentação impacta decisivamente para o bem ou para o mal? Quanta fartura de provas há em favor do abandono de alimentos ultraprocessados, gordurosos, açucarados e de origem animal?

Originalmente, o Criador nos destinou a comer o mais simples e natural possível, conforme vemos nos primeiros capítulos de Gênesis. Somente após o dilúvio, quando a terra havia sido devastada pela água, o homem comeu carne. Mas não qualquer tipo de carne. Somente a de animais considerados limpos, assim como eram limpos os animais utilizados para sacrifícios de adoração: "Em seguida, Noé construiu um altar ao Senhor e ali ofereceu como holocaustos alguns animais e aves puros" (Gênesis 8:20). Considere que o número de animais limpos na arca era superior ao número de animais considerados impuros, impróprios para consumo (veja a lista em Levítico 11).

Quando Pedro teve a visão de animais impuros num lençol, com uma sugestão para que deles comesse (Atos 10:9-16), ele estava sendo ensinado por Deus a não fazer distinção de pessoas, não de animais, pois a conclusão a que Pedro chega é: "Vejo claramente que Deus não mostra nenhum favoritismo. Em todas as nações ele aceita aqueles que o temem e fazem o que é certo" (Atos 10:34-35). Quanto aos animais, eles continuam classificados entre puros e impuros até hoje. Rato continua rato, porco continua porco. Sugiro não comer.

De volta ao Éden, quando Deus estabeleceu qual deveria ser a alimentação de quem Ele mesmo criara, demonstrou Sua soberania. Quem cria sabe como sua criação deve ser mantida:

Como dominar as vontades

Então Deus disse: "Vejam! Eu lhes dou todas as
plantas com sementes em toda a terra e todas as
árvores frutíferas, para que lhes sirvam de alimento".

(Gênesis 1:29)

O Senhor Deus lhe ordenou: "Coma à vontade
dos frutos de todas as árvores do jardim, exceto
da árvore do conhecimento do bem e do mal.
Se você comer desse fruto, com certeza morrerá".

(Gênesis 2:16-17)

Não era questão de conhecer o bem ou o mal. Eva optou por conhecer o mal; o bem já lhe era conhecido. Ela optou por não dar crédito à advertência divina e buscou algo mais para satisfazê-la, como se insatisfeita fosse. Naquele gesto escolheu outro ser, Satanás, para governá-la. Está tudo interligado. Até hoje, nossas escolhas, das mais simples às mais complexas, declaram qual é o governo ao qual estamos submetidas: "Portanto, quer vocês comam, quer bebam, quer façam qualquer outra coisa, façam para a glória de Deus" (1Coríntios 10:31). Ou vivemos para a glória de Deus, ou para a nossa.

05

Nossa transformação

*Vocês não sabem que seu corpo é o templo do
Espírito Santo, que habita em vocês e lhes
foi dado por Deus? Vocês não pertencem a si
mesmos, pois foram comprados por alto preço.
Portanto, honrem a Deus com seu corpo.*

1Coríntios 6:19-20

No amor de Deus e no poder sem limites, o coração mais rude é mudado. A mente mais perturbada é iluminada. O apetite mais desregrado é regenerado. A depressão, a ansiedade, a tristeza e o medo são dissolvidos na brandura, no perdão e na aceitação de Jesus. Nenhuma vida permanece enferma quando o amor de Cristo é aceito. Pode até perecer o corpo, mas a paz e a alegria que o amor de Deus produz lançam fora até mesmo o medo da morte.

Há uma grande diferença entre os que creem nessa verdade e vivem com entusiasmo e gratidão e os que não acreditam. Não é um mero conceito. Estou falando de uma ligação tão especial com o céu que faz brotar paz na alma, uma paz que nada nem ninguém poderá desfazer. Fortaleza serena e fé inabalável. Vida preenchida com significado.

Creia que todo o poder está disponível. Nada nos será negado. Deus não negou a Si mesmo; sendo assim, como não atenderia ao nosso pedido de perdão e socorro? Você já pediu especificamente por autocontrole? Confiou decididamente na graça para mudar

Creia que todo o poder
está disponível.

seu apetite, seu caráter e suas atitudes? Amada, só o Eterno tem o poder de transformar pedra em coração. Nele, a vida transborda.

Não sei quais ilusões a distraíram e afastaram de experimentar a companhia do Pai. Não sei quais enganos roubaram o prazer de usufruir da generosa presença do Emanuel, Deus Conosco.

Nunca se esqueça de que você é casa de Deus, morada do Altíssimo. De tanto nos amar, Ele escolheu fazer de nós uma santa habitação:

> *Vocês não sabem que seu corpo é o templo do Espírito Santo, que habita em vocês e lhes foi dado por Deus? Vocês não pertencem a si mesmos, pois foram comprados por alto preço. Portanto, honrem a Deus com seu corpo.*

(1Coríntios 6:19-20)

Como pode o Santo habitar na carne? Só um amor tão grande faz coisa assim. Amor extraordinário. Pertencemos a Ele e não a nós. A vida não é minha ou sua, mas Dele. Nenhuma obra pertence a si mesma, mas a quem a criou ou comprou para si. Por Deus fomos criadas e por Ele resgatadas a preço de sangue. Essa é a razão mais contundente para viver sob a autoridade do Senhor. Do tabernáculo ao templo mais rico e suntuoso em Jerusalém, agora somos nós um lugar sagrado. Os outros foram destruídos, nós, porém, somos edificadas por dentro e por fora, iluminadas pela graça e pela glória do Senhor porque Ele quis assim.

Que diferença faz ser casa de Deus! Onde Ele está, há vida! Quero ressaltar essa verdade: Onde Ele está, há vida!!! Agora pense um pouco: a casa que você é tem Jesus como morador ou apenas como visitante? Você tem pedido que Ele espere do lado de fora? Amada, ser casa de Deus é o dom dos dons, a extravagância do amor. Louve por tão grande presença. Jesus está batendo à porta. O que você diz: "Já estou indo? Só um instante? Estou arrumando a casa pra recebê-lo?".

Quer um conselho, minha amiga? Abra a porta. Ele não quer entrar apenas quando a casa estiver limpa. Quer mesmo é mudar completamente sua história. Quer fazer de uma casa comum um santuário. Deixe-o entrar e sinta-se cheia do poder transformador do Espírito Santo. Sei que mulheres alegam já ter permitido a entrada do Rei da glória em sua vida. Dizem que já entregaram o coração a Jesus. A elas, eu digo: Deixe-o permanecer. Muitas vezes, somos cristãs por costume, mas não permanecemos em Cristo verdadeiramente. É o permanecer Nele que nos faz desejar o céu e vivenciar alegrias incomuns na paz maravilhosa do Espírito de Deus.

"Sejam cheios do Espírito" (Efésios 5:18). "Sejam cheios" indica que o Espírito está disponível em abundância. Assim, ser morada de Deus é uma escolha. Você escolhe receber o que Ele oferece. Você abre a porta. Ele não o fará em seu lugar.

Seja cheia do Espírito para ficar plena, abastada, rica da presença Dele. Essa é a única maneira de vencer. Não pode haver concessão para as trevas. Tudo em nós deve ser inundado do poder de Deus.

"Esforcem-se para entrar pela porta estreita, pois muitos tentarão entrar, mas não conseguirão" (Lucas 13:24). Tenho a impressão de que não é muito favorável ao cristão assimilar que deva haver algum esforço pessoal no processo da salvação. É sumamente importante que isso fique claro. Não é mesmo nenhuma obra nossa que compra a salvação. Ela é dada unicamente pelo Senhor. No entanto, há que ser visto por Deus um coração que se detém para ouvir o convite do Salvador. Isso é uma ação, uma obra, um esforço. Dar lugar à natureza espiritual exige o esforço de permanecer:

> *Permaneçam em mim, e eu permanecerei em vocês.*
> *Pois, assim como um ramo não pode produzir fruto*
> *se não estiver na videira, vocês também não poderão*
> *produzir frutos a menos que permaneçam em mim.*
> *Sim, eu sou a videira; vocês são os ramos. Quem*
> *permanece em mim, e eu nele, produz muito*
> *fruto. Pois, sem mim, vocês não podem fazer*
> *coisa alguma. Quem não permanece em mim é*
> *jogado fora, como um ramo imprestável, e seca.*
> *Esses ramos são ajuntados num monte para serem*
> *queimados. Mas, se vocês permanecerem em mim e*
> *minhas palavras permanecerem em vocês, pedirão*
> *o que quiserem, e isso lhes será concedido!*
>
> **(João 15:4-7)**

O esforço é um movimento de resposta a Deus. Essa é a boa obra. E como permanecer? Ora, Jesus ensinou: guardando em nós as palavras Dele. Ou seja, tê-las em mente e por meio delas

Dar lugar à
natureza espiritual
exige o esforço
de permanecer.

praticar boas obras, tais quais Jesus as fez e ensinou. De outra forma, negamos a fé por meio de uma vida infrutífera.

Ao amanhecer, ao longo do dia e até a hora de dormir, temos de fazer esforço para nos manter unidas a Deus. Caso contrário, as muitas tarefas e distrações nos impedirão. O que toma seu tempo logo pela manhã? Você tem um momento reservado para estar com o Senhor? O Eterno é sua prioridade e alegria? Tem um bocado das Sagradas Escrituras entre os seus pensamentos para nutrir sua mente de refrigério e sabedoria? Ou você foi dormir tarde após cumprir a extensa ordem da sua agenda e não teve tempo para entrelaçar amizade com o céu?

Um dia, Jesus poderá dizer: "Não os conheço nem sei de onde são. Afastem-se de mim" (Lucas 13:27). Permanecer em Cristo não é apenas frequentar a igreja e fazer as atividades religiosas. Permanecer em Deus é ser íntima Dele como um galho está preso à árvore e dela recebe seiva. Para viver, o galho precisa permanecer ali. O que aconteceria se o galho tivesse o poder de escolher e decidisse se desligar, se desprender, e, quem sabe, alimentar-se só um pouco aqui e um pouco acolá? "Pois, sem mim, vocês não podem fazer coisa alguma" (João 15:5).

Por que achamos que acontecerá algo diferente quando nos apartamos de Deus? Se faz necessário pensar e falar mais sobre temas espirituais, orar mais, renunciar a si mesmo, dar lugar à vontade de Deus, ou seja, buscar uma viva relação com o Senhor; uma reação natural ao amor de quem nos amou primeiro.

Nosso coração é ímpio e só o amor de Deus pode curá-lo. Tal cura vem acompanhada de santidade. Nada daquela santidade estereotipada como cafona, religiosamente brega, arbitrária. Trata-se de o pecado ser substituído pela santo proceder, por meio do poder que opera do alto.

> Essa religião piegas que faz pouco do pecado, e só realça o amor de Deus pelo pecador, encoraja os pecadores a crer que Deus os salvará enquanto continuarem no pecado, sabendo que é pecado. É isso que estão fazendo muitos que professam crer na verdade presente. A verdade é mantida à parte de sua vida e essa é a razão pela qual não mais tem o poder de convencer e converter a alma. Deve haver um esforço de cada nervo, fibra e músculo para deixar o mundo, seus costumes, práticas e modas.[1]

Disse também o apóstolo Paulo: "Por isso trabalho e luto com tanto esforço, na dependência de seu poder que atua em mim" (Colossenses 1:29).

Ao mesmo tempo que o poder de Deus opera com eficiência, ele respalda nossa disposição prática para entrar por portas e caminho estreitos. É uma decisão livre e espontânea de quem quer andar com o Salvador. Quando Jesus chamava os discípulos, eles O seguiam como quando ovelhas escutam a voz do seu pastor.

"Todo louvor seja a Deus, o Pai de nosso Senhor Jesus Cristo, que nos abençoou em Cristo com todas as bênçãos espirituais nos

---

[1] Ellen G. White. *Mensagens escolhidas*. Tatuí: CPB, p. 155.

domínios celestiais" (Efésios 1:3). Busquemos recebê-las. Por que negligenciaríamos tão grandes dádivas das mãos do Senhor?

Paulo escreve: "enquanto não atingir a idade adequada, o herdeiro não está numa posição muito melhor que a de um escravo, apesar de ser dono de todos os bens" (Gálatas 4:1). Será que ainda somos imaturas e negligentes na fé? Não estaria na hora de investir como gente grande naquilo que realmente importa?

Lembremos mais uma vez que não é o nosso esforço que salva, mas não nos esforçar nos deixará perdidas. Veja que somos seladas no Espírito Santo para a redenção e, por isso, não pode haver lugar para obras de pecado consciente. Quando falo em pecado consciente, estou me referindo ao movimento simpático a ele. O que deveria ser objetável é acariciado.

Busquemos a sabedoria bíblica: "Livrem-se de toda amargura, raiva, ira, das palavras ásperas e da calúnia, e de todo tipo de maldade" (Efésios 4:31). Até mesmo o que envolve as nossas emoções precisa ser submetido ao esforço racional. O verso diz: "Livrem-se". Ou seja, não é o Espírito Santo que faz desaparecer simplesmente. Nos é dado o poder de Deus para administrar a vida. É preciso haver intenção e resolução para abandonar o que não edifica e, com vigilância, vontade, orações, súplicas e no poder do Espírito Santo, avançar glorificando a Deus numa vida que copia o modelo da vida do Salvador. Ele vai completando o que nos falta e fazendo aquilo que não nos é possível fazer. "Portanto, esforcemo-nos para entrar nesse descanso. Mas, se desobedecermos, como no exemplo citado, cairemos" (Hebreus 4:11).

Nunca o poder nos será dado para continuarmos num estado de raquitismo espiritual. Sabe o que acontece? Muitas vezes desculpamos a nós mesmas. E não se trata de autocompaixão, mas de não se comprometer de verdade. Somos indisciplinadas e simplesmente alegamos tentativas frustradas como argumentos para desistir. Colocamos a culpa no estresse, na provocação, em alguém, no trabalho, na vida e até mesmo em Deus, que não está agindo para resolver nosso problema. Mas isso não tem nada a ver com os outros, tem a ver com cada uma de nós, individualmente.

> Esforçai-vos. Pois as garras de Satanás se acham sobre vós. Se não vos arrancardes de seu poder, sereis paralisados e arruinados. O inimigo se acha à direita e à esquerda, em vossa frente e por trás de vós; e deveis calcá-lo aos pés. Esforçai-vos, pois há uma coroa a ser alcançada. Esforçai-vos pois, se não obtiverdes a coroa, perdereis tudo nesta vida e na por vir. Esforçai-vos mas seja o vosso esforço feito no poder de vosso ressurgido Salvador.[2]

Esforcem-se para permanecer no caminho. Esforcem-se para alcançar a vitória no bom combate. O Santo dos santos vai adiante, e nós o seguimos, santas e felizes, puras e pacíficas. Preste atenção, querida amiga: se a santidade não nos parece coisa boa, se ser santa é desconfortável, então, não há expectativa na eternidade. Se falar e viver de Cristo não é nosso prazer, o céu não é nosso destino.

---

[2] Ellen G. White. *Fundamentos da educação cristã*. Tatuí: CPB, p. 136.

Reforço que quando a entrega a Cristo for genuína consagração, sem adultério espiritual, sem sinalizar amizade com o pecado; quando significar uma consciente submissão de todo o coração, então nascerá a alegria transbordante. A vontade de Deus será a sua! "Portanto, removam toda impureza e maldade e aceitem humildemente a palavra que lhes foi implantada no coração, pois ela tem poder para salvá-los" (Tiago 1:21).

Temos a Palavra de Deus como a ferramenta certa para fundamentar a cura das mazelas, o perdão dos pecados, a renovação da mente e da vontade. A Palavra tem poder para salvar. Isso quer dizer que ela promove regeneração, perdão, recomeço; oferece poder para resistir ao mal, pois a Palavra eterna encontrou lugar na sua mente e no seu coração. Foi entendida e aceita. Você foi lavada com água pura do trono de Deus.

Quer cura? Quer salvação? Quer vida nova? Coma e beba a Palavra.

Que a mensagem a respeito de Cristo, em toda a sua riqueza, preencha a vida de vocês. Ensinem e aconselhem uns aos outros com toda a sabedoria. Cantem a Deus salmos, hinos e cânticos espirituais com o coração agradecido. E tudo que fizerem ou disserem, façam em nome do Senhor Jesus, dando graças a Deus, o Pai, por meio dele.

(Colossenses 3:16-17)

06

Amadas e felizes

Não fiquem tristes, pois a alegria
do Senhor é sua força!

Neemias 8:10

Santidade tem a ver com ser feliz e obediente ao Senhor: "Não fiquem tristes, pois a alegria do Senhor é sua força!" (Neemias 8:10). O contrário é apenas sentimentalismo.

Nosso Deus quer nos dar da alegria que há Nele mesmo:

> *Eu os amei como o Pai me amou. Permaneçam*
> *no meu amor. Quando vocês obedecem a meus*
> *mandamentos, permanecem no meu amor,*
> *assim como eu obedeço aos mandamentos de*
> *meu Pai e permaneço no amor dele. Eu lhes*
> *disse estas coisas para que fiquem repletos da*
> *minha alegria. Sim, sua alegria transbordará!*
>
> **(João 15:9-11)**

O segredo da alegria de Jesus era Seu relacionamento de amor com o Pai. Um amor constante e obediente. Amor que se revelava em obedecer alegre e espontaneamente. Quando falamos em obediência e submissão, imaginamos algo penoso, difícil, controlador. Mas estamos falando de uma relação de amor, a diferença é essa. Quando há amor, há livre aceitação, livre confiança, livre desejo em agradar, satisfazer, dedicar-se. Jesus disse: "E aquele que me enviou está comigo; ele não me abandonou, pois sempre faço o que lhe agrada" (João 8:29).

Ser feliz pressupõe estar sob o poder de Deus. Não é verdade que devemos seguir o coração. Não é verdade que importa fazer o que se quer, e que isso é ser livre e feliz. Mentira. Isso é uma cilada do tentador. Felicidade e alegria permanentes só existem na dependência completa de Jesus e em Seu amor genuíno. Amor que se traduz em total obediência. Deus manda e eu faço porque Sua voz é irresistivelmente amorosa.

Ora, se somos pecadoras, se não sabemos amar naturalmente e o Senhor me diz para amá-Lo sobre todas as coisas, então é claro que Ele ensinou como o amor se manifesta, cresce e se mantém: por obediência. À medida que andamos na luz, a luz nos iluminará cada dia mais. Quanto mais nos expusermos ao céu, mais o celestial nos impressionará. Haverá amor e mais amor sendo multiplicado graciosamente quando você desejar conhecer e agradar a Deus. Quanto mais Lhe obedecemos, mais amor nos é comunicado. Quanto mais O amamos, mais prazer temos em servi-Lo. E quem é infeliz quando o coração é inundado de amor?

Diria Jesus: "Quer ser constante no amor? Quer sentir a alegria que eu sinto? Quer ser feliz como sou? Então, faça como fiz. Esteja disposta a fazer o que o Pai manda, não apenas de palavra, mas de verdade".

Amiga, você faz o que Deus lhe ordena? Esquadrinhe sua vida e liste o que você sabe que desagrada ao Senhor. Identifique os mandamentos que você tem quebrado, a começar pelos Dez Mandamentos escritos em tábuas de pedra e que jamais serão mudados.

Amadas e felizes

Você tem sido cuidadosa em obedecer, destruindo ídolos e dando a Deus absoluta prioridade? Guarda-se de banalizar o sagrado nome do Eterno?

Eu sou o Senhor e não mudo. Por isso vocês,
descendentes de Jacó, ainda não foram destruídos.
(Malaquias 3:6)

Jesus Cristo é o mesmo ontem, hoje e para sempre.
(Hebreus 13:8)

Toda dádiva que é boa e perfeita vem do alto,
do Pai que criou as luzes no céu. Nele não
há variação nem sombra de mudança.
(Tiago 1:17)

Se Deus não muda, Sua lei não mudou. Nosso amor pelo Senhor se prova na fidelidade aos Seus mandamentos. E nessa fidelidade há alegria, crescimento espiritual e semelhança com Cristo. Isso se cumpre na observância do dia santo, o dia sétimo; na relação de honra com os pais; numa vida pacífica; na fidelidade conjugal; na vida honesta, sem cobiça e ganância, mas de completo temor ao Senhor. É como se ouvíssemos os trovões, víssemos os relâmpagos, o Sinai fumegante e a santidade do Eterno no dia que entregou as tábuas da Lei.

O Reino de Deus tem lei. Uma lei santa e justa como é o Seu caráter. Não é guardando a lei que somos salvas, mas é transgredindo-a

Você tem sido cuidadosa
em obedecer, destruindo
ídolos e dando a Deus
absoluta prioridade?

que nos perdemos. Ela será a regra do julgamento, mas estaremos limpas porque a graça nos moldou para vivermos segundo Cristo. "A lei do SENHOR é perfeita e revigora a alma" (Salmos 19:7).

Uma alma abatida, cansada, angustiada e doente há de encontrar na Palavra, na Lei, e na companhia do Altíssimo, consolo, alívio e alegria que a paz do dever cumprido segundo a graça produz. Obedecer a Deus cura.

> *Se ouvirem com atenção a voz do SENHOR,*
> *seu Deus, e fizerem o que é certo aos olhos*
> *dele, obedecendo a seus mandamentos e*
> *cumprindo todos os seus decretos, não os farei*
> *sofrer nenhuma das doenças que enviei sobre*
> *o Egito, pois eu sou o SENHOR que os cura.*
>
> **(Êxodo 15:26)**

Os mandamentos de Deus são aplicáveis ao governo de todos os povos, tribos e línguas. São simples, breves e cheios de autoridade. Seu fundamento é o amor para com o nosso Deus e com o próximo. É de natureza imutável, assim como o trono de Deus é eteno. "Então, se enfatizamos a fé, quer dizer que podemos abolir a lei? Claro que não! Na realidade, é só quando temos fé que cumprimos verdadeiramente a lei" (Romanos 3:31). Quando obedecida, será bênção; transgredida, terá poder para condenar. "Se alguém diz: 'Eu o conheço', mas não obedece a seus mandamentos, é mentiroso e a verdade não está nele" (1João 2:4). Mas

Não é guardando a lei
que somos salvas, mas
é transgredindo-a que
nos perdemos.

pela medida da graça que Jesus nos concede, nenhuma de nós precisa transgredir os mandamentos de Deus e perder o céu.

Você está pronta para viver como filha do Senhor, desprezando o mal e escolhendo a santidade como um estilo de vida? Que o Pai contemple sua resposta e ministre poder em sua mente. Uma mente renovada é o maior bem que o Espírito Santo nos faz. Por falar em mente, vamos aproveitar para falar de pensamentos?

07

A cura da mente

Só há duas forças que operam: a do Criador e a do Destruidor. Uma ou outra influencia nossos pensamentos e sentimentos. Se seus pensamentos a mantêm doente, eles não vêm da parte do amado Salvador.

> *Seus olhos são como uma lâmpada que ilumina todo o corpo. Quando os olhos são bons, todo o corpo se enche de luz. Mas, quando os olhos são maus, o corpo se enche de escuridão. E, se a luz que há em vocês é, na verdade, escuridão, como é profunda essa escuridão!*
>
> **(Mateus 6:22-23)**

Sabe aqueles momentos em que somos assaltadas por pensamentos violentos, armados de autodepreciação e culpas infernais? Sabe aqueles pensamentos entorpecidos, agitados, ansiosos? O corpo reage. A ansiedade afronta; o coração e os nervos se agitam. Trava-se uma dura batalha. É preciso socorro, pois, de outra forma, abre-se um caminho largo para os ataques de Satanás. É ele quem trabalha com esses instrumentos perturbadores e infelizes.

Uma mãe perdeu seu filho de 7 anos. O menino morreu após ficar cerca de dois meses no hospital com queimaduras graves, vítima de um acidente com álcool e fósforo. Ela conta que certo dia

O corpo reage.
A ansiedade afronta;
o coração e os nervos
se agitam.

orou a Deus entregando o filho para não o ver mais sofrendo em uma cama do hospital. Sem saber dos mistérios do Eterno, apenas aceitamos que naquele dia o menino cantarolou o trecho de um hino e morreu. A música é uma despedida cantada ao final das reuniões da igreja: "Em paz eu vou, ouvi a voz de Deus. Em paz eu vou, estou feliz...". Não temos a menor dúvida de que aquele garoto morreu em paz e será chamado pelo Criador na manhã da ressurreição. A saudade não será eterna. A morte é devastadora, mas a mulher que confiou seu filho a Deus se manteve confiante apesar de tudo.

Entre as visitas que recebia em casa para consolar a família, uma amiga lhe causava incômodo. Ela costumava perguntar: "Como você está?", e emendava: "Você vai aceitar assim a morte do seu filho?". Cansada de defender a fé, a mãe do menino decidiu que, da próxima vez, responderia que não estava bem. Pensou que isso faria a tal "amiga" desistir de questioná-la. No entanto, o que houve foi uma exclamação: "Eu sabia que a máscara iria cair! Sabia que você estava se escondendo atrás da fé!".

Aquela visita infeliz parecia buscar uma forma de fragilizar ainda mais quem estava tão triste. Eu soube, posteriormente, que a incômoda amiga havia perdido um filho adolescente e nunca se recuperou. Ao que tudo indica, não admitia que outra mulher se recuperasse. Envenenava os outros com sua própria amargura. A mãe, que se via resiliente frente a morte do filho, desde aquele dia, prostrou-se em depressão. Quando a visitei, pude ver que mesmo passados dois anos, ela parecia ter morrido junto com o menino. Dizia que se aceitasse a morte dele, seria como trair sua memória.

Sabe o que aconteceu ali? Uma voz persistentemente semeou dúvida. Nasceram pensamentos destruidores, e aquela que entregara o filho a Deus para que morresse em paz, agora se via em derrota. Sentia-se culpada. A fé que demonstrava cedeu ao remorso. Será que errou quando orou que Deus levasse o filho, para que ele não continuasse sofrendo? Ainda que a culpa surja em um processo de luto, esse caso foi nitidamente o fruto de um assalto maligno para levá-la à incredulidade. E levou: ela abandonou a fé. Deveria ter rechaçado a presença de alguém que lhe fazia mal. Deveria ter perdido aquela falsa amizade para não perder a paz. Pensamentos de morte foram gerados, ela passou a desacreditar da providência de Deus, e sua vida perdeu o sentido.

Senti muito ao ver tanta tristeza em seu rosto. Entendi que não era somente um luto. Seus pensamentos e sentimentos foram sequestrados. Satanás encontrou um caminho para acessar seu coração. Ela consultou espíritos em busca do filho, se lançou em um caminho estranho a tudo que cria antes. Tudo porque abrigou dúvidas lançadas por alguém.

Que frutos são gerados em seus pensamentos? São de paz ou de guerra? São de luz ou de trevas? Amiga, não se demore ouvindo malícias diabólicas. Elas serão sua dor e sua derrota.

Às vezes, basta uma frase, um comentário para alimentar desconfianças quanto ao amor de Deus. Satanás vai soprando suas mentiras até que encontrem lugar e se alojem em nossos

Não se demore ouvindo
malícias diabólicas.
Elas serão sua dor e
sua derrota.

pensamentos. Aprenda a reconhecer o que vem de Deus e o que vem da parte do inimigo.

Esse assunto é muito importante. Pensar produz vida ou morte. O conteúdo do que pensamos determina quem vence ou fracassa. Quando os pensamentos são maus, também o são os sentimentos e, consequentemente, as ações. Por não exercermos zelo, atenção, questionamento e responsabilidade com base na Palavra de Deus a respeito do que pensamos, muitas vezes a fé não se desenvolve, as habilidades se atrofiam e nos tornamos reféns de uma vida assombrada.

O que pensamos possivelmente está cheio de impressões erradas. É necessário e urgente ocupar a mente com o que é de ordem superior e celestial para sermos fortalecidas. Já sabe, não é? "Mente vazia, oficina do diabo." Mente cheia de pensamentos confusos, autodepreciativos, acusadores, sombrios é ambiente propício para adoecer. Cuide do que você pensa!

Seus pensamentos encontrarão recursos na bondade do Eterno para lidar com as adversidades. Se a luz que há em você é a verdadeira luz vinda do alto, do sol da justiça, quem irá lançar trevas em seu caminho? Por mais densa que seja a escuridão, essa jamais poderá vencer a luz. Seus pensamentos serão transformados e sua vida refletirá algo da glória de Deus quando aprender a viver nessa perspectiva. Se a vida resplandece em você, já não há dor que a destrua nem ansiedade que a apavore.

"Pensem nas coisas do alto, e não nas coisas da terra" (Colossenses 3:2). Quando o Senhor nos diz isso, não está fazendo uma sugestão, mas dando um mandamento. Então, pense. Pense na eternidade, na bondade, no amor, no Espírito Santo. Pense e peça a presença do céu em você. Cante, louve, respire fundo e declare em voz alta sua fé. Ensine a si mesma a pensar no melhor e mais excelente plano de Deus a respeito da vida. Instrua sua vontade, determine por onde seus pés devem caminhar, anuncie a seus pensamentos palavras preciosas de amor e vida.

Quando os velhos pensamentos, insinuações e sugestões do Destruidor voltarem, mande-os embora com a autoridade que sairá da sua boca declarando confiança e paz no nome do Senhor. Diga: "Creio no que meu Deus me disse. Creio que Ele, e somente Ele fala a verdade a meu respeito".

"Porque eu sei os planos que tenho para vocês",
diz o SENHOR. "São planos de bem, e não de
mal, para lhes dar o futuro pelo qual anseiam.
Naqueles dias, quando vocês clamarem por
mim em oração, eu os ouvirei. Se me buscarem
de todo o coração, me encontrarão".

(Jeremias 29:11-13)

Isso não é falácia, amada. É a mais pura verdade. Não duvide! Jesus é digno de total confiança. Ninguém deu nem dará maior prova de amor do que Ele. Uma vida santa na cruz, um sangue justo derramado, uma morte em troca da sua vida. Jamais se viu nada igual. De todo o coração, declare: "Ele é digno! Ele é digno! Ele é digno!". Confiantemente diga em voz alta: "Nego-me a pensar algo desprezível

Quando os velhos
pensamentos,
insinuações e sugestões
do Destruidor voltarem,
mande-os embora.

a meu respeito. Aceito somente o que o Espírito Santo me falar ao coração. Não admito nenhuma condenação porque o meu Deus não é Deus que condena quem o busca, mas que salva, limpa, perdoa e transforma. É nisso que creio e em nada mais".

Com essa declaração em mente, as sugestões de Satanás serão vencidas. Com perseverança e sob a perfeita graça do clemente Deus, o Espírito Santo soprará aos seus ouvidos sons de paz e poder. Mesmo que pareça que nada mudou fora de você, em sua mente "rios de água viva brotarão" (João 7:38).

> E sob o ministério do Espírito Santo a mente pesada, obscurecida, despertará. O escravo do pecado será posto em liberdade. O vício desaparecerá e a ignorância será vencida. Mediante a fé que opera por amor, o coração será purificado e a mente iluminada.[1]

Bendito seja Jeová Rafah, o SENHOR que cura (Êxodo 15:26).

Que alívio! Deus está curando você com o amor. Memórias enfermas são curadas. Lembranças dolorosas são cicatrizadas. Agora, só importa que você reconheça que Deus está trabalhando para reparar os danos que o mal provocou.

O passado ficará no seu devido lugar. O que foi bom está lá e o que foi ruim também. Agora, resta que no dia de hoje, e um dia de cada vez, o Senhor lhe dê força para que você escolha andar na luz. Que seus olhos vejam a luz! Isso não significa que tormentas não se levantarão à sua frente nem que o tempo não vá fechar.

---

[1] Ellen G. White. *Ciência do bom viver*. Tatuí: CPB, p. 61.

Ainda virão tempestades, mas resistindo à desesperança e confiando persistentemente, estaremos abrigadas no porto seguro todos os dias, sob o comando fiel do Eterno.

O apóstolo Paulo ensina como desfrutar paz mental. Ele diz:

> *Não vivam preocupados com coisa alguma; em*
> *vez disso, orem a Deus pedindo aquilo de que*
> *precisam e agradecendo-lhe por tudo que ele já*
> *fez. Então vocês experimentarão a paz de Deus,*
> *que excede todo entendimento e que guardará*
> *seu coração e sua mente em Cristo Jesus.*

(Filipenses 4:6-7)

Ser alegre é um dever cristão. Não é possível que uma vida cheia da presença de Deus manifeste amargura, tristeza constante, mal humor, impaciência permanente. Claro que há transtornos mentais que não podem nem devem ser jamais desconsiderados. Os sintomas são realidade, mas o tratamento inclui buscar a restauração quando ainda se pode, a menos que você tenha escolhido se entregar ao desânimo quando o Deus da vida disse: "Animem-se, pois eu venci o mundo" (João 16:33). Não confunda a alegria com riso fácil, pois ela significa esperança. Esperança ancorada nas lições do evangelho, no que é eterno, no que é seguro.

Os desafios mais dolorosos quase nos tiram o ar e o chão, mas olhe além. Tente ver mais alto. Alcance a mão Daquele que lhe oferece socorro. Olhe confiante nos olhos do Salvador e diga: "De agora em diante, fixarei meu olhar no Teu. De agora em diante, não largarei Tua mão. De agora em diante, vou louvar Teu nome, descansar em Tua Palavra e viver". "Não teme más notícias; confia plenamente no cuidado do Senhor" (Salmos 112:7).

Amada, não foi à toa que o apóstolo Paulo enviou a seguinte mensagem aos amigos: "Alegrem-se sempre no Senhor. Novamente direi: Alegrem-se! [...] Perto está o Senhor" (Filipenses 4:4-5, NVI). O motivo de nos animarmos é que Deus está perto. Temos lutas, mas também temos por nós Aquele que é soberano sobre tudo e sobre todos. Eu diria que à medida que a fé cresce e amadurece, a confiança aumenta e alcançamos uma segurança maior. A nuvem de glória está sobre nossa cabeça e a forte mão nos guia. Mesmo no deserto da experiência mais difícil, ainda ali há o conforto da presença de Deus.

Aprimore sua fé. Quando a situação lhe roubar a alegria, e a esperança vacilar, recorra à oração. Com o coração quebrantado e honesto, peça a bênção do perdão e o alento da misericórdia. Clame por uma resposta, e após entregar seu clamor, dê tempo para que Ele responda. Aprenda a esperar a resposta em louvor. Experimente a gratidão como maneira de tornar os dias mais leves. Já percebeu o quanto reclamamos da vida? Não estou dizendo que os problemas cessam, mas estou convencida, pela Palavra de Deus, de que confiar é a única prova de reconhecer o senhorio do Pai. Uma vida assim, em contato direto com a bondade, a compaixão e o amor de Deus, poderá se aquietar em paz. "Vocês só serão salvos se voltarem para mim e em mim descansarem. Na tranquilidade e na confiança está sua força" (Isaías 30:15).

Alcance a mão
Daquele que lhe
oferece socorro.

Bem sei que não é fácil manter a esperança quando somos agarradas pela provação e pelo temor. Se estamos cansadas de esperar sem nada acontecer, o desânimo bate à porta com força. Mas lembre-se: entre o Getsêmani e a cruz, o Salvador do mundo ensinou que há cálices que não passam — "que seja feita a tua vontade, e não a minha" (Mateus 26:39) —, e prosseguimos para além do calvário. Há morte, mas também há ressureição, há vida outra vez.

Essa é uma oração difícil. Nossas orações com pedidos sobre coisas terrenas, em grande parte, têm por direção desejos egoístas, mas o Senhor quer, antes de tudo, que conheçamos nossas reais necessidades. Isso acontece, em muitas ocasiões, somente quando passamos por provações e humilhações.

"Que seja feita a Tua vontade." Esse é o espírito de submissão que nos falta. É a submissão que agrada a Deus, demonstrando confiança em Sua direção. Da próxima vez que orar, peça que o Espírito Santo lhe corrija caso sua oração seja egoísta. Inclua adoração enquanto o busca. Pedir, qualquer um pede. Adorar, somente os que o amam são capazes. Inclua amor e louvor em sua vida e esteja pronta para dizer: "Seja feita a tua vontade, assim na terra como no céu" (Mateus 6:10).

Louvado por toda a eternidade seja El Shaddai, o Deus Todo-Poderoso!

08

Em dias de angústia

O que você faz aqui, Elias?
1Reis 19:9

Há dias em que o que mais desejamos é fugir e nos esconder. Você já se sentiu assim? Um grande homem de Deus passou por isso: Elias, o profeta. Ele enfrentou grandes desafios, como o embate contra os 450 profetas de Baal. Enfrentou e venceu pelo poder de Deus. Elias era realmente um homem de fé e coragem. Entretanto, sob ameaça de uma mulher má, a temida Jezabel, fugiu. Após sair vitorioso de tão grande feito sobrenatural, Elias fugiu. Entrou no deserto sem companhia alguma. Sentou-se sob uma árvore, pediu a morte e dormiu.

O que houve? O homem de Deus pedindo a morte? Faltaram-lhe forças? Sim. Ele se sentiu cansado e vencido. O desânimo o empurrou para o deserto. Esse é bem o nosso jeito de resolver conflitos: fugimos, reclamamos, transferimos culpas. Mas enquanto Elias dormia, um anjo o visitou com alimento. Ele acordou, comeu, bebeu e dormiu novamente. Estava estressado com tudo (1Reis 19:1-6).

Querida amiga, é na hora mais difícil que o Senhor nos alimenta. Ele não nos oprime com o peso da Sua mão, mas alivia nosso fardo com a leveza do Seu amor. Naquele dia, o Senhor não mandou Elias parar de frescura e voltar, mas cuidou do desalentado homem naquela jornada. Somente após quarenta dias é que o profeta foi confrontado. Sabe o que aprendemos com isso? A longanimidade do Pai acompanha nosso tempo de doença, seja ela física, espiritual

É na hora mais difícil que
o Senhor nos alimenta.
Ele não nos oprime com
o peso da Sua mão, mas
alivia nosso fardo com a
leveza do Seu amor.

ou emocional. Ele espera. Haverá o momento que Ele mesmo irá confrontar você com a verdade. Mas o Deus clemente usa de clemência quando estamos fragilizadas. Ele é paciente para cuidar dos que enfrentam lutas pessoais.

Por falar em paciência, me permita dizer mais sobre essa virtude. Pode ser que você se gabe em repetir "Não tenho paciência". Quer um conselho de amiga? Abandone esse hábito. Paciência é um dom do Espírito. É atributo de Deus, comunicado a nós quando Ele está em nós. "Não tenho paciência" é uma expressão que reforça o pecado. Quem é nova criatura é nova por completo. "Sou muito nervosa, estressada..." Será? Não. Pode até se sentir assim por um momento, mas isso é coisa da velha natureza. Você nasceu de novo.

Vamos voltar à caminhada de Elias no deserto. Novamente, o profeta foi acordado pelo anjo e este o mandou comer e beber mais, pois deveria estar forte para a longa viagem. Aquele alimento o sustentou por quarenta dias e quarenta noites. Não foi um pedaço de pão e um pouco de água que o sustentou na solidão do deserto. Foi a misericórdia de Deus presente no pão e na água que renovou Suas forças para aquele tempo de angústia. Foi-lhe servido um banquete de compaixão. E assim como supriu Elias com socorro, o Senhor lhe oferece abundante cuidado enquanto trava as suas batalhas íntimas. "E esse mesmo Deus que cuida de mim lhes suprirá todas as necessidades por meio das riquezas gloriosas que nos foram dadas em Cristo Jesus" (Filipenses 4:19).

Amor e cura

Não é o alimento, mas o poder de Deus em cada grão, em cada fruta, em cada pão e em cada gole de água que comunica vida. Por isso, damos graças ao Senhor. Oramos antes das refeições reconhecendo que estamos diante de uma dádiva do céu. Comer também é adoração. É receber da mão de Deus um bocado da Sua bondade. Alimente-se da verdade!

O profeta chegou ao monte Horebe, entrou numa caverna e ali ficou toda a noite. Você acha mesmo que o Senhor ficaria distante para ver até onde Seu servo iria? Jamais! O Pai eterno nunca deixaria um filho abandonado à própria dor. Depois do anjo, foi Ele mesmo ter com Elias e perguntou: "O que você faz aqui, Elias?" (1Reis 19:9). E lá veio a explicação do aflito: "Tenho servido com zelo ao Senhor, o Deus dos Exércitos. Contudo, os israelitas quebraram a aliança contigo, derrubaram teus altares e mataram todos os teus profetas. Sou o único que restou, e agora também procuram me matar", ao que o Senhor disse: "Saia e fique no monte, na presença do SENHOR, pois o SENHOR vai passar" (vs.10-11). Houve uma grande manifestação divina e, por fim, o Eterno voltou a perguntar: "O que você faz aqui, Elias?" (v. 13).

Elias responde com os mesmos motivos: "Tenho servido com zelo ao Senhor, o Deus dos Exércitos. Contudo, os israelitas quebraram a aliança contigo, derrubaram teus altares e mataram todos os teus profetas. Sou o único que restou, e agora também procuram me matar" (v. 14). Coitado de Elias. Tão vítima da "sorte". Só ele era bom e temente, ninguém mais servia a Deus. Era injustiçado, perseguido e ameaçado de morte. Que sentimento de derrota

96

tomava conta daquele homem! Não é assim que acontece conosco? Apresentamos ao Senhor um rosário de lamentações. Cremos ter todas as razões do mundo para fugir de tudo, inclusive Dele.

Paramos de orar, ler a Bíblia, ir à igreja. Deixamos de louvar e tomamos um caminho próprio. Deixamos a mente livre para adoecer. Cedemos ao medo e desistimos. Buscamos esconderijos e passamos dias no deserto das nossas razões. Elias tinha razão também. Era verdade o que ele dizia e sentia. Na perspectiva dele, era a verdade. Mas Deus lhe disse que ainda havia em Israel, além dele, sete mil que não adoravam a Baal. Ou seja, havia milhares de pessoas fiéis e, portanto, ele não era o único.

Você não é a única mulher que passa por dificuldades. Não superestime sua aflição e nem subestime o poder e o socorro do Senhor. O mais lindo e sublime é outra vez o amor. Ele se compadece e busca quem está perdido. Não é grosseiro, não humilha, não lança em rosto a fraqueza do servo, mas o anima a voltar e fazer o que lhe estava designado. Isso é extraordinário! Ele não discute os motivos, não o envergonha, mas o chama e manda que volte ao caminho do dever. Ama da mesma forma que amou quando o profeta enfrentou os profetas pagãos e fez descer fogo do céu. Ama e cuida com aquele tipo de amor sublime e incondicional. Ele entende que o profeta adoeceu na alma e simplesmente o acolhe como um pai que acha o filho que havia se perdido.

Quando Elias temeu a perseguição do inimigo e a fúria de Jezabel, o Senhor o alcançou primeiro. Um Deus que pessoalmente

Deixamos de louvar e tomamos um caminho próprio. Deixamos a mente livre para adoecer. Cedemos ao medo e desistimos.

se importa, se envolve, vai atrás, conduz e ama, ama, ama. Elias voltou, e se alguém crê que ele estava em depressão quando fugiu, naquele dia, ao ouvir a voz do seu Deus e obedecer, foi curado dela.

Também você, saia. Por quanto tempo mais vai ficar se queixando e lamentando a sorte? O que está fazendo aí agora? Está lendo estas palavras por ler ou para agir? Tem resposta para essa pergunta que não seja a mesma história, contada há anos? Mova-se na direção da voz do seu Deus. Ele dá o norte, abre o caminho e conduz. Sob Sua poderosa ordem, saia desse lugar sombrio!

Elias chegou a desejar a morte. Um homem que viveu tão grandes maravilhas com Deus, pediu a morte. Dá para medir sua aflição? Não era simplesmente covardia, mas abateu-se frente à agressiva luta com as trevas. Por um tempo abateu-se, mas foi tomado de poder outra vez porque o Senhor não o deixaria perdido na solidão dos montes. Ele foi buscá-lo. Por onde você andar, o Eterno Deus vai buscá-la, amada. Talvez você esteja dizendo que não se encontra em nenhuma caverna, mas a pergunta é a mesma: "O que você faz aqui?". Essa pergunta é necessária para amadurecer e para curar as angústias. Uma pergunta como essa nos confronta. Aliás, todas as vezes que o Criador nos faz perguntas é para nos levar a pensar. Para confrontar o nosso eu. Cada pergunta é uma oportunidade de mudança.

"O que você está fazendo aí?" Não é uma questão de lugar físico, mas principalmente de sua condição mental e espiritual. Em que condição você se encontra? E o que fará em tal condição?

Lamentará ou viverá? Atacará ou se aquietará em Deus? Será vítima ou autora de novas ações e reações? Será conciliadora ou beligerante?

Amada, uma reflexão mais cuidadosa a nosso respeito pode ser o que falta para compreendermos o mundo a nossa volta por outro prisma. Estamos sempre olhando de dentro para fora, e isso nos possibilita ver somente um lado da vida. Invertendo a ordem e nos pondo como expectadoras, de fora para dentro, permitindo ver sem as bajulações pessoais, com menos ego e mais vontade de ser uma pessoa autorresponsável, possivelmente haverá um realinhamento de ideias.

Reveja suas próprias falhas e planeje executar novas atitudes. É um exercício necessário, mas também exige cuidado. É muito fácil vacilar entre os extremos, sendo demasiadamente rígida ou condescendente. Acariciando as próprias deficiências de caráter ou se punindo como a uma criminosa irrecuperável. Cuidado para não desculpar ou se sabotar na indolência, para não se satisfazer com migalhas de vida quando a oferta é de vida abundante.

Reveja suas próprias
falhas e planeje
executar novas atitudes.

09

Quando minha filha amada morreu

Pois todo aquele que é nascido de Deus vence este mundo, e obtemos essa vitória pela fé.

1 João 5:4

Casei-me aos 18 anos. Meu marido tinha 20. Com três meses de casados, fiquei grávida. Foi muito especial. Eu queria ser mãe de uma menina. Foi uma gravidez tranquila. Minha filha nasceu dia 1 de maio de 1994. Parto normal. Saúde perfeita.

Quando tinha três meses, nos demos conta de que sua pele estava amarelada. Talvez icterícia, pensamos. Visitamos o pediatra e tudo estava normal. Mudamos da cidade onde morávamos, Juazeiro do Norte (CE), para Maceió (AL). Aos cinco meses, ela tinha febre todas as noites. Achávamos que fosse resfriado, ou os dentes nascendo. Levamos ao médico e não foi encontrada uma causa específica para o quadro.

Foram dois meses de espera por um diagnóstico preciso. Fomos de Maceió para Salvador (BA) em busca de resposta em um hospital de referência. No mesmo dia saiu o resultado: era leishmaniose, enfermidade conhecida também como calazar. Iniciou-se o tratamento adequado rapidamente, mas no dia seguinte, logo cedo, ela teve uma convulsão e entrou em coma. Foram oito dias nesse estado. Eu a visitava todas as tardes e ficava na UTI cerca de quinze minutos. Cantava. Orava. Pedia a Deus que a curasse. Numa manhã de sábado, nossa filha morreu. Tinha sete meses de vida, completados enquanto estava hospitalizada.

Amor e cura

Meu marido e eu nos ajoelhamos no corredor do hospital e oramos: "Senhor, agora, mais do que nunca, faz-nos fiéis." Precisávamos que o Senhor nos fortalecesse para que não houvesse qualquer dúvida do Seu amor e da Sua misericórdia, e para que não fôssemos tomados pelo desespero. Eu queria me despedir, e consegui escapar dos cuidados das pessoas até que encontrei meu bebê inerte numa sala. Seria preparada para o enterro. Foi minha última vez sozinha com ela. Estava completamente disforme. Ali me despedi. Foi a última vez que os meus olhos a viram naquela condição. Da próxima, eu sei que será diferente.

Deveríamos decidir se levaríamos o corpo para ser enterrado onde morávamos ou o enterraríamos ali mesmo. Escolhemos a segunda opção. Naquele mesmo dia, seu corpinho sem vida foi posto num túmulo do Campo Santo, na capital baiana. Foram nove dias de espera numa antessala do hospital, orando e pedindo que os médicos nos dessem uma boa notícia. Lia a Bíblia e o livro *O desejado de todas as nações*. Havia muitas histórias de milagres que me inspiravam a crer. Acreditávamos que o nosso milagre chegaria.

O que você faz quando sua expectativa é frustrada? O que fazer quando espera por uma resposta e recebe outra? Como reagir quando Deus contraria a vontade humana? Só Ele tem poder para dar e tirar o fôlego de vida. Ele permitiu que minha filha suspirasse e expirasse pela última vez. Numa hora como essa, ou você crê na autoridade do Criador e se submete ao que Ele sabe sobre o futuro e a eternidade, ou sua fé enfraquece e desfalece.

Confiar em Deus é
mais que confessar
uma crença e frequentar
uma igreja.

Escolhemos nos abrigar Nele e por isso oramos: "Agora, mais do que nunca, faz-nos fiéis". Uma dor profunda tomava conta de nós. Uma saudade tão grande. Um sentimento que não se explica por palavras, apenas sentimos, solitariamente. Agora eu seria uma mulher marcada pela covardia da morte. Mas foi ali que aprendi que confiar em Deus é mais que confessar uma crença e frequentar uma igreja. É mais que dizer "Te amo, Senhor". É muito mais.

Voltamos para casa, calados, com o que era dela nas mãos. O choro era involuntário. Eu acordava pela madrugada aos prantos e com calafrios. Meu corpo reagia à dor do luto. Meu marido me cobria com muitos lençóis e abraços para conter. Como eu ainda amamentava, meu leite derramava. Não a tinha em meus braços para alimentar. Esse foi um dos momentos mais difíceis. Sonhei durante muito tempo que ainda a amamentava. Sonhei muitas vezes que ela estava no berço e eu a buscava.

Nunca mais voltamos para rever onde ela foi enterrada. Ali a deixamos e cremos que de lá o seu corpo sairá na ressurreição dos filhos de Deus. É para este dia que olho com expectativa; dia de grande alegria. O reencontro mais desejado. Eternidade sem morte nem lágrimas (Apocalipse 21:1-7). Não volto ao lugar da morte e prossigo com esperança. Tenho compromisso com o que Deus tem para me dar. Vivo cada dia com a certeza de que, com Cristo, não há final, não há feridas abertas. A esperança cura.

Seu corpo voltou ao pó e o fôlego pertence ao Criador. Não há como entender o extraordinário poder do Senhor, mas minha filha, que existiu e não existe agora, voltará a viver e me será entregue de volta por anjos designados.

A Esperança não murcha, ela não cansa,
Também como ela não sucumbe a Crença.
Vão-se sonhos nas asas da Descrença,
Voltam sonhos nas asas da Esperança.[1]

Satanás não tem acusação contra nós quando a fé nos levanta de tão grande perda sem murmurarmos. O Acusador se retira envergonhado. Experimentei a amarga dor da morte, mas nada se compara ao gosto doce da esperança que me faz dar graças a Deus em tudo. Devo dizer que creio em milagres. Não espero aquele dia para ver e crer, mas creio hoje e, portanto, o milagre da ressurreição já aconteceu em meu coração. Minha filha é minha, para sempre, e a cada dia está mais perto o momento do nosso abraço. Se eu não crer agora, o que adianta aquele dia? Só preciso olhar para a frente e para o alto, de onde me veio e vem o socorro. Deus não impediu a morte de agora, mas destruiu o seu aguilhão na ressurreição do próprio Filho.

*Agora, irmãos, não queremos que ignorem o
que acontecerá aos que já morreram, para que
não se entristeçam como aqueles que não têm
esperança. Pois o Senhor mesmo descerá do
céu com um brado de comando, com a voz do*

---

[1] Augusto dos Anjos, "A Esperança".

arcanjo e com o toque da trombeta de Deus.
Primeiro, os mortos em Cristo ressuscitarão.

(1 Tessalonicenses 4:13,16)

O Filho de Deus passou pela morte e abriu o caminho para a vida eterna. Porque Ele vive, minha filha viverá também.

Há um detalhe muito especial nesta história entre eu e Deus. Quero compartilhar com você. Deus me deu outra filha. Restituiu-me a alegria. Minha segunda filha veio como uma dádiva do céu. E o segredo entre nós e o Senhor é que ela nasceu no mesmo dia da semana, dia do mês e em hora semelhante. A primeira filha nasceu dia primeiro, um domingo, às 5:56 da manhã; a segunda, nasceu dia primeiro, domingo, às 5:56 da tarde. Uma em maio, a outra em outubro. Não pode ser coincidência. Não pode ser. Meu Deus marcou no tempo o momento exato para me fazer sorrir outra vez, mas sobretudo marcou o tempo para eu saber que Ele tem providência e remédio para a minha dor; o tempo de eu sair da minha caverna, do meu luto, da minha tristeza. Tirou-me de um lugar sombrio e derramou luz em minha alma outra vez.

Mas não amo a Jesus só por isso, e não conto essa história para lhe garantir que todas as alegrias serão restituídas agora. Eu sei que o Senhor deixa pistas pelo caminho e nos permite viver experiências assim para que saibamos que "O choro pode durar toda a noite, mas a alegria vem com o amanhecer" (Salmos 30:5). A manhã de absoluta alegria será a do encontro com a vida. O Vencedor, o Rei dos reis, virá e tudo se fará novo de novo. Tenho outra filha, mas se não confiasse na Palavra do meu Salvador, não seria feliz como sou. Viveria do passado, da perda, da descrença.

Talvez sua história seja diferente, mas qualquer final só vale a pena se Jesus é o Amado de sua alma. "Pois todo aquele que é nascido de Deus vence este mundo, e obtemos essa vitória pela fé" (1João 5:4). Ainda que pisemos no vale da sombra e da morte, Ele já passou por lá. Os portões da eternidade foram abertos e ninguém pode fechá-los. Creio no poder de Deus apesar da morte, do sofrimento, da saudade. Já vivi meu luto, e a graça e a Palavra da verdade sararam meu coração.

> *Se nossa esperança em Cristo vale apenas para esta vida, somos os mais dignos de pena em todo o mundo. Mas Cristo de fato ressuscitou dos mortos. Ele é o primeiro fruto da colheita de todos que adormeceram. Uma vez que a morte entrou no mundo por meio de um único homem, agora a ressurreição dos mortos começou por meio de um só homem.*
>
> **(1Coríntios 15:19-21)**

Posso dar graças a Deus por essa espera confiante. A morte não vence para sempre. O fato de não voltar para visitar o túmulo de minha filha também é simbólico. O passado e tudo que aconteceu nele não me dominam. Minha esperança no que Deus reservou para mim é mais forte do que a morte. Não estou falando de utopias. Não estou caminhando sozinha. Ele disse "tome sua cruz e siga-me" (Mateus 16:24). Então, o segui.

Jesus disse algo contundente sobre segui-lo. Ao que tudo indica, retroceder é descrer, desconfiar e desistir: "Quem põe a mão no arado e olha para trás não está apto para o reino de Deus" (Lucas 9:62). Quando não responderam ao "segue-me" de Jesus, alegando até mesmo motivos aparentemente justos, Ele disse: "Deixe que os mortos sepultem seus próprios mortos. Você, porém, deve ir e anunciar o reino de Deus" (Lucas 9:60). Sem desculpas. Convite feito, convite aceito.

Ele não permitiu a mim e não permite a você ficar lamentando e usando as aflições como empecilho para prosseguir. Muitas vezes, culpamos a morte, a solidão, o estado civil, a infância, os pais, a condição financeira ou qualquer outra circunstância. Mas Jesus nos chama para outra dimensão. A ordem é seguir. O que passou realmente passou. As marcas ficam, mas nossas forças são renovadas pela graça e misericórdia do Senhor. Não se detenha. Não olhe para trás. Prossiga. Nada justifica ficar parada quando Ele diz "Segue-me". Não significa que esqueci minha filha, muito pelo contrário; estou focada no que virá, no que veremos, mas principalmente em quem cremos e somos. Cremos no Altíssimo e somos Suas filhas.

Minha segunda filha chama-se Sudaleif (Fiel a D'us). Esse nome marca quem é o Deus a quem servimos e devemos fidelidade. Simplesmente respondemos à Sua maravilhosa graça.

O texto a seguir é dela. Conta uma experiência com Deus, e isso, para mim, é a certeza de que Ele tem cuidado de nós.

O salmo 91, um dos meus preferidos, diz: "Aquele que habita no abrigo do Altíssimo encontrará descanso à sombra do Todo-Poderoso. Isto eu declaro a respeito do Senhor: ele é meu refúgio, meu lugar seguro, ele é meu Deus e nele confio" (vs.1-2).

Nas férias, eu queria ser voluntária em outro país. Depois de alguns "nãos", encontrei uma passagem com ótimo preço. Estava no caminho certo. Conversei com meus pais e com os responsáveis pelo voluntariado, e durante semanas conferi que a passagem ainda estava em promoção.

Numa manhã de quarta-feira, meu pai perguntou sobre as datas da passagem. A viagem estava cada vez mais perto, agora era só conferir a passagem e comprar. Mas naquele dia, a passagem estava mais cara e disponível apenas para dez dias depois. Nos primeiros segundos, tive a sensação de que eu tinha voltado à estaca zero, e todas as conversas com Deus até ali, em um instante, ficaram muito longe. Longe como minha viagem.

Procurei em outras companhias aéreas, mas não encontrei nada. Fui almoçar pensando: "A passagem mudou, mas Deus continua o mesmo". Repeti isso em voz alta para eu mesma acreditar no que dizia. Saí para realizar algumas tarefas e, quando voltei, como se fosse o final de uma antiga história de missionários cristãos, o valor e a data da passagem tinham voltado ao original. Antes mesmo de olhar o site para confirmar isso, eu já sabia, e por isso estava chorando. Deus estava ali no quarto. Mesmo que o milagre da passagem não tivesse acontecido, permaneceria o crescimento de habitar em Cristo durante aqueles meses de tentativa, e isso era infinitamente mais valioso que a passagem.

Escrevi o texto acima na semana em que tudo aconteceu. Hoje, enquanto escrevo estas linhas, já se passaram quase dois meses desde aquela quarta-feira. Daqui um mês, finalmente viajo como voluntária para a Índia. Entendi que era hora de provar coerência com o que escrevi naquele dia e com o salmo 91. Como diz o salmo, eu decidi habitar na presença do Altíssimo e descansei. Reconheci que a melhor opção é a Dele, não só quando as minhas opções falham, mas desde a primeira tentativa. Permiti que o Espírito Santo chegasse mais perto. Habitei no abrigo do Pai e decidi portar-me na presença Dele sob a reverente consciência de que meus sentidos e pensamentos pertencem a Cristo.

No abrigo do Altíssimo eu pude ser regenerada pela Palavra e ser elevada à Sua presença. Decidi habitar na presença do Eterno. Mesmo que o primeiro instinto seja me deitar com o pensamento acelerado e perder horas inventando diálogos e imaginando situações, a cada tentação de me inquietar pelo que não me compete mais, pois já foi, ou de me desesperar pelo aparente silêncio do Pai ou pelo alvoroço dos meus próprios sentimentos, olho para o lugar onde vi luz pela última vez.

Quando minha filha amada morreu

Aprendi que a minha devoção ao Senhor não se dá somente na realização de sonhos, desejos e milagres. A minha adoração e o meu amor transcendem. Eu sei que Ele me ama. Confio no Seu amor. Confio que, aconteça o que acontecer, Ele será por mim. Esse amor me constrange a amá-lo sempre mais. Amor que aceita, perdoa, acolhe, limpa, purifica. Como poderia não amá-Lo? Continuei amando-o quando a minha família faltou, quando minha filha morreu, quando acordava chorando pela madrugada de tanta saudade. Foram apenas sete meses nos meus braços, mas marcaram minha vida para sempre. Eu era muito jovem. Não creio que sabia lidar conscientemente nem com a maternidade nem com o luto, mas sei que o Senhor estava comigo e com o meu marido.

Escolhi acreditar na Palavra do Eterno. Ele me disse que aquela separação não era para sempre, e que o reencontro será mais lindo que o nascimento. Escolhi viver pela fé. Escolhi não duvidar. Como já disse: minha filha me será entregue de volta em meus braços. Simplesmente creio. Deus não mente. Está na Bíblia.

Ainda que o vale seja escuro, meu Deus é a luz. Ainda que o vale seja de morte, o Eterno é a Vida que pulsa dentro e fora de mim. Ainda que o vale seja de morte, o Salvador Jesus já ressuscitou. Ainda que a espera do reencontro pareça longa, será num piscar de olhos que a gloriosa manifestação de Deus virá sobre nós. Veremos a face de Jesus. Ouviremos Sua bendita voz. Não há altura nem profundidade que nos apartem da perfeita alegria que esta esperança produz.

O infeliz, o que sofre, os que foram abandonados, os pais que desejam, mas não têm filhos, os pais de luto, os órfãos, o doente desenganado e os que choram de solidão, mas estão firmes na rocha e não desistem de crer nas promessas do Senhor, serão cheios de paz. Como disse o profeta: "Tu guardarás em perfeita paz todos que em ti confiam, aqueles cujos propósitos estão firmes em ti" (Isaías 26:3).

Uma mente firme em Deus se desvia da dúvida e da ansiedade. É uma mente que se apropria da mensagem de salvação, da força das promessas do Senhor, do amor supremo de Jesus. Você será tentada a focar nos seus problemas, mas não permita isso. Se deixar que seus pensamentos vagueiem pelas praças da dúvida como quem procura argumentos para descrer, como quem não sabe onde encontrar alívio, como quem não conhece o abrigo, tais pensamentos tomarão força, ficarão robustos e destruirão sua paz mental.

Satanás pode sugerir: "Por que Deus permitiu a morte da sua filha?", "Onde estava Deus quando você orava e pedia a restauração?", mas a mente firme no Senhor produz pensamentos destemidos, poderosos e pacíficos. É uma mente segura contra os ataques de Satanás. Já disse e repito: é muito importante saber que os pensamentos ruins não são produzidos sob a influência do Espírito Santo, assim como os pensamentos de paz não são frutos naturais ou automáticos, mas o resultado da santa influência celestial. "Destruímos todas as opiniões arrogantes que impedem as pessoas de conhecer a Deus. Levamos cativo todo pensamento rebelde e o ensinamos a obedecer a Cristo" (2Coríntios 10:5).

Quando seus pensamentos forem perturbadores, ansiosos, maus, tome-os como bichinhos rebeldes e leve-os atados pelas promessas de Deus até Jesus. Exponha-os um por um. Diga:

"Senhor, trago isso que me faz sofrer, isso que atenta contra minha sanidade. Me acode". Asseguro-lhe, em nome de Jesus, de que você receberá socorro. Mas não deixe seus pensamentos sozinhos, à mercê da própria vontade. Não os deixe criar vida própria. Mantenha-os prisioneiros da verdade.

Você pode dizer: "Senhor, está vendo isso que estou pensando e sentindo? Não quero. Apague da minha mente", e nesse momento, comece a louvar. Cante. Cante em adoração ao Eterno. Repita trechos da Palavra. E cante mais, cante suavemente sobre o amor maravilhoso de Jesus.

> *Mantenham os olhos fixos nas realidades do alto, onde Cristo está sentado no lugar de honra, à direita de Deus. Pensem nas coisas do alto, e não nas coisas da terra. Pois vocês morreram para esta vida, e agora sua verdadeira vida está escondida com Cristo em Deus.*
>
> **(Colossenses 3:1-3)**

Isso é maravilhoso! É o retiro terapêutico celestial. É a proposta de restauração e cura indicada por Deus. Ficar escondido, protegido, guardado em Deus. Quem poderá lhe tocar? "Tem misericórdia de mim, ó Deus, tem misericórdia! Em ti me refugio. À sombra de tuas asas me esconderei, até que passe o perigo" (Salmos 57:1).

A verdade é que ficamos muito expostas às armadilhas do Destruidor, ingenuamente, como quem fica ao ar livre nos dias de tempestade, sem se dar conta dos raios e rajadas que podem atingi-lo. Precisamos ser mais cautelosas, mais sábias. Em tempos de tribulação, seguro é se abrigar, se refugiar até que tudo passe. Refugiar-se sugere se aquietar e deixar que o misericordioso Deus aja. Refugiar-se quer dizer confiar inteiramente Nele.

O céu é por você. O Pai, o Filho e o Espírito Santo trabalham por você. Enquanto você, talvez, mendigue a atenção das pessoas, a aprovação de alguém, um reconhecimento ou uma palavra de carinho, eu apresento esta cena: lá no alto, Jesus à direita do Pai, movimentando o céu em seu benefício. Aqui embaixo, o Espírito Santo convencendo você a rejeitar o mal e aceitar o dom da vida. Não precisa fazer nada. Apenas receba. Apenas aceite e usufrua, deleite-se. Permita-se ser totalmente influenciada e transformada pelo Senhor, como se você se expusesse ao sol e recebesse o calor penetrando em seu corpo.

É isso que chamo de ter a mente impregnada de Deus. É viver desejando mais de Deus, mais do céu. Buscando o que é eterno. Que o sol da bondade e o amor nos banhem de graça e nos curem de toda enfermidade, principalmente da enfermidade espiritual, sabendo que a obediência à Palavra também beneficia a saúde por completo.

A presença de Jesus é tão real que a recebemos não só espiritualmente, mas ela se manifesta também no corpo disposto, no semblante feliz, nos pensamentos puros, no poder da decisão. Nunca mais diga que não pode, não consegue. Quando Jesus está em nós, tudo podemos em Sua força. Tenha certeza de que Sua vontade, aliada ao Espírito Santo, é poderosa!

Oração

Pai, queremos viver para habitar contigo.
Queremos confiar nossas inquietações a Ti; e,
para além de esporádicos êxtases espirituais,
viver sinceramente a promessa da Tua fidelidade.
Joga fora nossa ansiedade, nossa incredulidade e
nosso orgulho. Quem confia, descansa. Queremos
assim fazer, para viver o louvor do salmo 91.

10

O Amado da minha alma

Ele cura os de coração quebrantado
e enfaixa suas feridas.

Salmos 147:3

Posso dizer que conhecia o Senhor desde a minha infância. Sempre me importei com Ele. Gostava de orar, fazer pedidos e promessas. Passava nos altares da igreja dos franciscanos para pedir especialmente por meus pais. O céu, para mim, era algo real.

Aprendi a rezar e adormecia repetindo orações que minha mãe me ensinava. Dona Leide tinha uma fé inusitada. Quando fazia promessas e não recebia a graça esperada, mudava a fé para outro santo que a pudesse atender. Também acho que isso me ajudou a entender a fé como algo concreto. Eu a via falando com as imagens dos santos em quem ela cria francamente.

Eu frequentava as missas e amava todos os ritos. Só uma coisa me intrigava: por que naquela igreja tão grande Jesus era só mais um entre tantos? Ele ficava num altar simples da igreja que tinha ao centro um grande altar com uma exuberante imagem de São Francisco. Eu pensava: "Jesus deveria ser o principal". Só alguns anos depois tive a certeza de que Jesus é único e principal. Conheci o evangelho. Aprendi sobre lei e graça. Sobre perdão e salvação. Fui atraída por Jesus na cruz. Fui alcançada pela beleza da Sua Palavra. Comecei a estudar a Bíblia e abracei uma nova etapa da caminhada cristã. Estava mais feliz do que qualquer adolescente poderia ser. Fui tocada por uma verdade arrebatadora. Eu não acreditava que era possível conhecer tão claramente os planos de Deus para cada um e toda a terra.

Até o dia em que contei a minha mãe sobre a decisão de ser adventista. Ela não aceitou. Era uma tarde de sábado quando eu disse a ela que seria batizada nas águas. Ela reagiu mal. Saí de casa correndo e fui para a igreja. Enquanto corria, ainda ouvia seus gritos: "Volte aqui!".

Não tinha volta. Minha decisão por Jesus estava tomada. Sempre fui obediente aos meus pais, e não faria tal coisa se não estivesse certa do chamado.

Na cerimônia batismal, fui imersa em água, simbolizando morte para a velha vida e ressurreição para uma vida nova. Esperei muito tempo por aquela hora, e parecia um sonho. Não existia dúvida, nem medo, nem euforia. Era uma certeza calma, confiante e feliz. Só não pensei na hora da volta para casa. Não me preparei para encontrar minha mãe após a cerimônia, em casa.

Apanhei naquele dia. Minha mãe estava descontrolada. Seu semblante estava tão pesado quanto suas mãos. Tomou os meus cabelos ainda úmidos e me empurrou contra a parede e contra o chão quando eu caía. Não era a mãe querida que me deu papinha na boca até meus 6 anos. Estava fora de si. Talvez porque estivesse cansada de ser frustrada, não queria perder o controle. Era uma mulher sofrida. Aos 7 anos foi abandonada pelos próprios pais e nunca mais os viu. E agora, estava separada do meu pai.

Só quem foi desprezada sabe as marcas que ficam na alma. Além de questões pessoais, a vida espiritual tem a ver com o grande conflito entre luz e trevas. Houve alvoroço no mundo espiritual porque o Destruidor sabia que o Reino de Deus havia conquistado mais uma cidadã. Apesar de eu ter fé e seguir as tradições religiosas, agora eu conhecia o evangelho propriamente dito. Isso causou fúria no inferno.

Minha mãe estava tomada de ira. Não era o Espírito Santo agindo nela. Naquela noite, dormi sem comer. Assim foi durante os outros dias. Ela me disse que eu deveria comer Bíblia e me negou comida. Eu não podia fazer nenhuma das refeições. Também não me deixava sair de casa. Foi assim durante toda a semana.

A minha comida era realmente a Palavra. Ficava no fundo do quintal lendo a Bíblia. Minha fome física era pacificada com uma fruta ou um pedaço de pão que minha irmã levava escondido. No mais, a Palavra de Deus me sustentava. Foi exatamente o que fez o Espírito quando li: "Fui jovem e agora sou velho, mas nunca vi o justo ser abandonado, nem seus filhos mendigarem pão" (Salmos 37:25). Essas palavras de Davi foram comida e bebida para minha alma. Eu estava certa de que meu Deus estava comigo.

Saí de casa após aqueles dias. Fui acolhida pelo meu pastor e sua esposa. A igreja toda estava em oração por mim. Até que minha mãe foi me buscar. Não mudou muito, mas ao menos podia comer e ficar dentro de casa sem ter que me esconder. Por fim, saí de casa definitivamente alguns meses depois, até que me casei.

No dia do casamento, não tive meu pai para entrar comigo. Minha mãe também não foi. Meus dois irmãos adultos não foram. Só estava lá minha irmã mais nova. Foi um casamento simples e uma cerimônia bonita. Eu estava feliz. Não era uma jovenzinha rebelde que saiu de casa para viver uma aventura. Casar-me não foi uma decisão tomada por sentimentalismo. Meu marido e eu estávamos certos de que havia um princípio regendo nossa história. Além de fazer a aliança conjugal, fizemos aliança com Deus, aliança que nada no mundo há de quebrar, pois Deus é fiel para nos guardar até o fim.

Eu faria tudo novamente. Não guardei mágoas, não me lamentei, não me vi coitadinha. Aquele era o meu caminho.

Quando fiquei grávida, fui rever a minha mãe. Levei flores no segundo domingo de maio. Encontrei a porta entreaberta e ela sentada no sofá da sala. Pedi a bênção e recebi um silêncio. Não desisti. Quando minha filha nasceu, na mesma semana a levei para conhecer a avó. Nem pensei em como me receberia. Fomos meu marido e eu, com nossa filha nos braços. Chamei e esperei que abrisse a porta. Entramos e nunca mais houve menção do passado. Ainda que fosse recente, deixamos o ocorrido para trás.

Não respondo pelos atos dos outros, apenas pelos meus. Ela tinha sua amargura e eu tinha a fé. Minha família ainda não aceitou seguir os passos do meu Salvador, mas todos sabem que minha vida cristã não é um faz de conta. Não foram ao meu casamento, não entenderam e nem participaram da minha alegria quando conheci o evangelho. Talvez pensassem apenas que era "coisa de crente". Não entenderam que não era fogo de palha, mas uma decisão eterna. A porta da salvação está aberta. Não é para sempre, mas ainda está aberta. Quem sabe um dia se convertam.

Talvez eu fale do evangelho com tanta convicção porque o recebi com provação. Aprendi muito cedo que escolher a cruz é renunciar até ao conforto de casa, além da aprovação de muitos. Afinal, a coroa da vida é para quem também experimentou a cruz.

Amados, não se surpreendam com as provações de fogo ardente pelas quais estão passando, como se algo estranho lhes estivesse acontecendo. Pelo contrário, alegrem-se muito, pois essas provações os tornam participantes dos sofrimentos de Cristo, a fim de que tenham a maravilhosa alegria de ver sua glória quando ela for revelada. Se vocês forem insultados por causa do nome de Cristo, abençoados serão, pois o glorioso Espírito de Deus repousa sobre vocês.

(1Pedro 4:12-14)

Afinal, vida cristã é muito mais que religião convencional. Evangelho vivo não é autoajuda, e poder de Deus não é pensamento positivo. Jesus mesmo anunciou que teríamos aflições, mas mostrou Sua vitória como garantia da nossa.

"Se alguém quer ser meu seguidor, negue a si mesmo, tome diariamente sua cruz e siga-me" (Lucas 9:23). Negar-se? Tomar a cruz todos os dias? Sabe o que isso significa? Contrariar totalmente o tal do "siga seu coração".

Jesus não assumiu a cruz apenas numa intenção sentimental. Ele de fato se entregou inteiramente como oferta agradável à justiça do Pai. Mãos e pés perfurados, corpo rasgado pelos chicotes,

Escolher a cruz é
renunciar até ao
conforto de casa, além
da aprovação de muitos.

cabeça ferida por espinhos, vontade inteira rendida. Apresentou o próprio corpo como sacrifício vivo. Sacrifício morto é fácil, mas vivo é uma entrega racional. É a negação do eu por algo muito maior que uma filosofia de vida ou uma crença qualquer. Jesus não deixa um único filho fora do alcance dos Seus braços de amor.

Muitos conhecem a história relatada por Lucas de dois homens que andaram lado a lado com Jesus. Beberam o poder das Suas palavras. Viram Seus milagres. Testemunharam maravilhas. Mas ao verem o Filho de Deus morto na cruz, abandonaram Jerusalém e voltaram para Emaús. Estavam com medo, frustrados, cansados. Juravam que Jesus seria quem os libertaria do poder romano, mas Ele, agora, estava morto. Que decepção. Tanta fé investida. Tomaram o caminho de volta no dia da ressurreição. Não creram nas mulheres, que ouviram as boas-novas da boca de anjos, nem no testemunho dos que viram o túmulo vazio. Tudo porque não prestaram atenção no que o próprio Cristo havia dito durante os anos que viveu com eles. Estavam muito envolvidos com suas próprias questões; com o que pensavam, esperavam, desejavam. Só queriam ocupar um lugar no Reino do Messias que criaram em sua própria mente. Mas o Reino de Deus nunca foi terreno, sempre foi superior.

Partiram de volta para casa carregando o pesar da morte de quem parecia ser o libertador de Israel. Foram embora sem que antes vissem ressuscitado o libertador do mundo.

Mas Deus se importa tanto que Jesus, já ressurreto, deixou Jerusalém e foi em busca de dois perdidos e sofridos no caminho para Emaús. Estavam voltando para a casa desalentados quando Jesus os alcançou. Aproximou-se deles e, ao ouvi-los, os repreendeu: "Como vocês são tolos! Como custam a entender o que os profetas registraram nas Escrituras!" (Lucas 24:25). E os ensinou sobre tudo que está escrito a Seu respeito nas Escrituras.

Jesus diz ser tolice não conhecer o que está revelado sobre Ele e o plano da salvação. É tolice não crer, não esperar, não confiar que Deus sabe exatamente o que faz. É insano abandonar a fé por causa da nossa visão minúscula. O Senhor repreende a ignorância dos Seus filhos quando o assunto é salvação: "Vocês estudam minuciosamente as Escrituras porque creem que elas lhes dão vida eterna. Mas as Escrituras apontam para mim!" (João 5:39).

Não é diferente agora. É absolutamente vital conhecer Sua Palavra, Suas promessas e Sua vontade. É este o motivo de tanta morte espiritual: não se alimentar do Pão da vida. Em horas de necessidades, não temos sabedoria, não temos recursos. Somos indefesas. E digo mais: nos últimos dias, os que não tiverem familiaridade com a Palavra de Deus não suportarão. Os enganos dos últimos dias serão tão sutis e perversos que a única maneira de discernir entre a verdade e a mentira é tendo conhecimento sustentado nas Escrituras.

E você, amada do Altíssimo, o quanto sabe sobre a revelação de Deus nos Escritos Sagrados? Você estuda a Bíblia ou apenas lê uma porção aqui e outra acolá? Muitos mulçumanos conhecem o Alcorão de cor por volta dos 12 anos. Isso mesmo! Enquanto muitos de nossos filhos sabem apenas algumas historinhas da

Bíblia, jovens muçulmanos conhecem a fundo as leis da sua religião. "Meu povo está sendo destruído porque não me conhece" (Oseias 4:6).

Minha amiga, como você imagina que pode se tornar uma mulher mais sábia? Como pensa em edificar sua casa? Seu alimento espiritual deve ser consistente. Leia todos os dias. Medite nos textos bíblicos. Decore. Recite. Repita e guarde cada palavra no coração, não para dizer a outros que sabe ou para cumprir a leitura anual da Bíblia, mas para cumprir o plano de salvação e cura que o Senhor tem para você. Na hora de tomar decisões, ensinar, trabalhar, namorar, não namorar, casar ou não casar, cozinhar ou qualquer outra coisa, a Palavra apontará o que e como deve ser feito. É um processo contínuo e progressivo. Pode parecer devagar, mas não desista. A natureza vai sendo abrandada, transformada. A cura vem. "Ele cura os de coração quebrantado e enfaixa suas feridas" (Salmos 147:3).

Confiar em Deus não é uma tentativa, mas o único caminho seguro. Com uma fé vacilante, só é possível chegar cansado e amargurado a Emaús. Porém, uma fé viva, transbordante e real faz qualquer viajante sair correndo pela estrada mais íngreme e empoeirada para chegar ao lugar da ressurreição, onde a verdade se estabelece, onde a vida ganha novo significado.

Muitas vezes, vivemos como se concordássemos com uma vida nascida de uma explosão ou de um amontoado de células; uma vida sem começo inteligente, criativo. A verdade é que temos a extensão da vida de Deus. A vida Dele está em tudo e em todos.

Não rendemos louvor às coisas criadas, mas ao Criador de todas elas. "Aquele que é a Palavra possuía a vida, e sua vida trouxe luz a todos" (João 1:4).

A minha vontade é escrever em letras graúdas e falar em alto e bom som esta verdade: o poder do evangelho é real. A vida que Deus comunica a você dá até para tocar, ser vista e sentida. Não é um alívio apenas, é um poder curativo, transformador. A única necessidade é aceitar e viver como quem realmente crê. Não é só consentir. Não é uma opinião sobre Deus e Sua Palavra, mas aceitação absoluta de que a Palavra do Altíssimo é o remédio, a cura e a salvação.

> O coração inteiro tem de render-se a Deus, ou do contrário não se poderá jamais operar a transformação pela qual é restaurada em nós a Sua semelhança [...] Somos retidos nos laços de Satanás, "em cuja vontade" (2Timóteo 2:26) estamos presos. Deus deseja curar-nos, libertar-nos. Mas como isto requer uma completa transformação, uma renovação de nossa natureza toda, é necessário rendermo-nos inteiramente a Ele.[1]

A incredulidade destrói a ponte que liga a terra e o céu, o natural e o sobrenatural, o homem e Deus. "Sem fé é impossível agradar a Deus" (Hebreus 11:6). Como podemos viver sob tão assombrosa incredulidade? Deixamos de lado Seus santos mandamentos e vivemos sob nossas pobres perspectivas. Enquanto

---

[1] Ellen G. White. *Caminho a Cristo*. Tatuí: CPB, p. 43.

Ele diz "Levante-se e ande", continuamos nos arrastando como quem não ouviu. Enquanto Ele diz "Vá e não peque mais", nos mantemos agarradas aos velhos pecados. Teimosas. Rejeitamos a vida livremente. Caminhamos para a morte, inclusive a morte da fé. Sim, a fé morre quando atrofia na alma por falta de ação. Não foi ferramenta de obediência. Não foi sacrifício vivo. Não era fé.

Ele diz "Não vivam preocupados com coisa alguma", mas vivemos agitadas, estressadas, doentes, aflitas. Como podemos dizer que o Senhor é o nosso pastor se corremos feito loucas para garantir que nada nos falte? Por favor, olhe menos para as circunstâncias e mais para o amoroso Deus. Ao se sentar com Jesus, no partir do pão, aqueles discípulos assombrados pela tristeza e descrença viram com quem estavam e por quem eram ensinados. Sentiram algo forte queimando o coração. Foram tomados de grande força e tão renovada fé que o medo desapareceu. Foram curados da desesperança.

Repare que seus olhos se abriram no momento de partir o pão (cf. Lucas 24:31). Estiveram juntos durante o caminho, e agora estavam à mesa. Fique mais tempo com o Salvador. Demore-se em falar com Ele e, especialmente, demore-se em ouvi-Lo. É nessa hora que somos tomadas pelo poder do Senhor. É assim que a vida ganha significado. Depois daquele momento, os discípulos partiram de volta para Jerusalém e a paz de Deus os encontrou outra vez. Shalom! Toda sorte de bênção! Um encontro com a plenitude do céu. O Filho de Deus ressuscitou.

A incredulidade destrói
a ponte que liga o
homem e Deus.

O Amado da minha alma

Que Deus maravilhoso é o nosso! Poderia ter deixado os discípulos continuarem no caminho de regresso para casa, resmungando o lamento de quem viu o sonho da liberdade desfeito. O que fariam agora? Diriam o que para a família, para os amigos do povoado? Que seguiram um impostor? Que foi tudo um engano? Não. Jesus foi buscá-los pessoalmente. Repreendeu a incredulidade e a falta de conhecimento deles a respeito do que as Escrituras diziam sobre a morte e a ressurreição do Cristo, mas gastou tempo para ensiná-los. Como sempre, demonstrou compaixão. O olhar redentor contemplou a estrada e seus seguidores dispersos. Estavam angustiados com as cenas de sofrimento vividas naqueles dias. Jesus foi até lá para consolá-los.

Fico tão grata pela paciente bondade do Senhor. Sinto-me amada. Sei que me relaciono com um Deus que se importa comigo. Ele não vê multidões, mas entre milhares, encontra a mim e a você também. Quem sabe, não estamos na mesma situação daqueles dois discípulos? Falamos com Jesus, cremos em milagres, sabemos intelectualmente sobre Deus, mas será que nossa fé corresponde, de fato, a ter fé?

Crentes incrédulos. Caminhando com Jesus, mas incrédulos. Abandonaram a manhã de glória e voltaram para a vida velha, batida, comum. Ah, se não fosse o Senhor chamando de volta. Ah, se não fosse o céu apaixonado. Estaríamos lá em Emaús tentando a sorte. Jesus é o mesmo e continua visitando forasteiros e desistentes da fé. Continua aparecendo aos medrosos, tristes e desigrejados. Continua ensinando sobre o céu e Sua graça.

Entre milhares, Ele encontra você.

Venha, amada. Conheça a alegria da ressurreição. Volte pra Jerusalém. Não falo de um lugar, mas de uma pessoa. O Deus pessoal. O Salvador verdadeiro. Guarde em seu coração que Ele a fez do pó, mas a fez também filha. Ele a resgata da poeira para a cidade de ouro. A cidade da salvação. Por amor, repartiu o pão da salvação e alimentou a fé. Tudo porque Ele é fiel e não abandona nenhuma de nós, não importa o quão distantes estejamos. Não há caminho sem volta. Não há lugar em que Ele não entre. Não há vida que Ele não possa resgatar.

Aqueles discípulos voltaram para Jerusalém muito diferentes. O Espírito era outro. Certamente foram quase voando de felicidade. Tenho certeza de que voltaram doze quilômetros louvando. Muito diferente da lamúria que os acompanhou de Jerusalém a Emaús.

11

Mulher extraordinária

*Sou serva do Senhor. Que aconteça comigo
tudo que foi dito a meu respeito.*

Lucas 1:38

Amada, não podemos nos contentar em sermos mulheres comuns. O Pai quer nos transformar em mulheres extraordinárias. E não pense, por favor, que ser extraordinária tem a ver com realizações seculares.

Ser uma mulher extraordinária é sobre ter caráter firme e firmes princípios. Tem a ver com decidida submissão a Deus. Com não ser condescendente com os próprios sentimentos e tendências nem com as exigências de um mundo apaixonado pelo pecado. O mundo gosta do pecado, por isso falar contra as obras do mal desagrada. Porém, uma vida reta ainda é o que se espera de nós.

Quero falar com você especialmente sobre a necessidade urgente de clamarmos a Deus para que nos dê mais do Espírito Santo. Já o recebemos quando decidimos caminhar com Cristo e reconhecê-Lo como Senhor, mas enquanto O seguimos, Ele quer nos encher do Espírito.

*Portanto eu lhes digo: peçam, e receberão. Procurem,
e encontrarão. Batam, e a porta lhes será aberta.
Pois todos que pedem, recebem. Todos que procuram,
encontram. E, para todos que batem, a porta é
aberta. Vocês que são pais, respondam: Se seu filho
lhe pedir um peixe, você lhe dará uma cobra? Ou,
se lhe pedir um ovo, você lhe dará um escorpião?*

Amor e cura

*Portanto, se vocês que são pecadores sabem como
dar bons presentes a seus filhos, quanto mais seu Pai
no céu dará o Espírito Santo aos que lhe pedirem!*

(Lucas 11:9-13)

O Senhor Jesus indica a necessidade da oração persistente, mas preste atenção na prioridade que Ele dá ao recebimento do Espírito Santo. Ele não fala de casa, dinheiro, casamento, filhos (apesar de estar implícito que temos total liberdade para pedir e é desejo de Deus atender nossa oração quando a fazemos com entendimento e fé). Note que Jesus destaca claramente que a vontade do Pai é dar o Espírito Santo a quem pede.

Talvez você creia que o que tanto deseja é realmente uma necessidade sua, mas o Senhor sabe que há outras prioridades que precisam ser atendidas antes. O ideal de Deus é salvar. Nada é mais importante que a salvação. Pedir favores a Ele é sempre legítimo. O Senhor se importa com tudo que diz respeito à sua vida, mas a prioridade são as bênçãos espirituais. Tais bênção são dadas especialmente aos que têm coração agradecido pelo amor de Jesus e Sua preciosa graça.

Uma mulher que recebe o Espírito Santo pode não ser a mais popular, não aparecer entre as que conquistaram notoriedade pela formação ou pela performance profissional, mas é conhecida no céu porque Deus vê o que ninguém enxerga. Quando Maria recebeu o convite para ser a mãe de Jesus, mesmo surpresa, pensativa e não entendendo o real significado da missão, aceitou: "Sou serva

Uma mulher que recebe o Espírito Santo pode não ser a mais popular.

do Senhor. Que aconteça comigo tudo que foi dito a meu respeito" (Lucas 1:38). Quem era aquela menina que ficou cheia de Deus? Era apenas uma menina. Sem presunção alguma. Apenas com disposição para servir. E isso contraria o que dizem sobre ser mulher empoderada.

O mundo insiste em nos ensinar a falar a linguagem do sucesso. Sucesso é o sonho de consumo de todas. Significa, normalmente, realizar desejos pessoais e materiais. Mas o que dizer sobre uma garota pobre de um lugar com má fama como Nazaré, que foi escolhida por suas virtudes para nos ensinar que uma mulher extraordinária é, antes de tudo, temente e reverente diante de Deus? Não foram os moradores da cidade, mas o céu que a chamou de abençoada: "Você é abençoada entre as mulheres" (Lucas 1:42). O Eterno Deus não entregaria Seu Filho aos cuidados de alguém que não tivesse a virtude de se entregar sem reservas ao que realmente é digno.

Quando o anjo ouviu a resposta de Maria, a deixou. É certo que o anjo voltou à presença do Eterno e lhe falou a respeito da menina de Nazaré. O céu soube que ela aceitara o desafio de receber no ventre o fruto do Espírito Santo. Uau!!! O nome dela foi comentado nas cortes celestiais. Amo pensar sobre isso e, ao mesmo tempo, tremo ao pensar no que comentam a meu respeito por lá. O que meu anjo diz ao Senhor sobre mim? Não tenho missão tão honrosa quanto a mãe de Jesus, mas meu nome também é Maria e sei que há um chamado para mim. Independente do seu nome, o céu conhece você e fala a seu respeito. Isso não tem a ver com nome ou sobrenome, classe social, inteligência ou poder, mas com o amor de Deus. Ele nos conhece pessoalmente, assim como conhecia Maria num vilarejo comum. Poderia ser apenas mais uma, no entanto, foi feita extraordinária, carregando na própria carne o mistério do amor encarnado.

Outra mulher extraordinária era Isabel. Também foi visitada pelo poder de Deus. Sua esterilidade deu lugar a um ventre cheio de vida. O Espírito Santo já estava no filho que nasceria para anunciar o Salvador. Era idosa, cansada, envergonhada por ter o útero infrutífero. Mas o Senhor reservou para ela algo muito maior do que o sonho de ter uma casa cheia de filhos. Isabel deixou de ser um nome comentado nas montanhas da Judeia como desfavorecida. Agora, seria a mãe de João Batista, o maior dos profetas na terra, segundo Jesus.

Minha amiga, ser uma mulher extraordinária não depende da beleza, do lugar em que nasceu, das conquistas de ordem material ou do reconhecimento público. Ninguém reconhecia Maria e Isabel como mulheres extraordinárias. Eram comuns aos olhos humanos, mas incríveis aos olhos do Senhor. Incríveis por quê? Porque eram tementes, reverentes e cuidadosas em servir a Deus. Tinham desafios como eu e você. Tinham suas lutas. Isabel, especialmente, não era mãe, mas era justa e obediente (Lucas 1:6).

Eu e você somos mulheres aparentemente comuns, mas o Senhor nos faz extraordinárias. Nem juventude nem velhice são impedimentos para o céu vir até nós. Maria nem tinha sonhado com tão grande privilégio e Isabel já havia desistido de sonhar.

O que uma velha e estéril poderia esperar? O que alguém desiludido pode esperar? A resposta é: "Pode esperar". O Senhor está contemplando a sua vida. Ele sabe que você o ama com milagre ou sem milagre. Sabe que você o teme e o ama pelo que Ele é e não pelo que pode fazer. Uma mulher que descobre que seu propósito de vida é servir a Deus é uma mulher feliz. Esse serviço não precisa ser grandioso para os ditames do mundo. Pode ser dentro da sua casa, com sua família, tornando o seu canto um pedacinho do céu. Preparando-se para o encontro com o Pai, preparando filhos para amar e servir como você tem servido e amado. No interior da casa é que se vê o espírito cristão. É na intimidade da família que Deus é honrado e glorificado. Não busque a aprovação das pessoas. Queira que o Senhor a aprove. Não deseje que o mundo a reconheça como poderosa. Deseje que o Senhor lhe dê o privilégio de ser tida como bem-aventurada.

> *Cante, ó filha de Sião! Grite bem alto, ó Israel!*
> *Alegre-se e exulte de todo coração, ó preciosa*
> *Jerusalém! [...] Pois o SENHOR, seu Deus, está em seu*
> *meio; ele é um Salvador poderoso. Ele se agradará de*
> *vocês com exultação e acalmará todos os seus medos*
> *com amor; ele se alegrará em vocês com gritos de*
> *alegria! Juntarei os que choram por não participarem*
> *das festas sagradas; nunca mais serão envergonhados.*

(Sofonias 3:14,17,18)

Oração

Meu Pai, clamo por Tua bondade, e desejo que me tenhas como bem-aventurada. Apego-me a Jesus Cristo, ao Espírito Santo e à Tua poderosa graça. Eis-me aqui para que seja feita a Tua vontade. Usa-me como instrumento Teu para anunciar as boas-novas. Põe-me como testemunho da Tua misericórdia. Faz-me dar frutos para a Tua glória. Derrama sobre mim e minha casa a fonte viva da esperança. Ajuda-me a viver pelo que o céu espera de mim, e não pelo mundo e suas cobranças. Que eu Te agrade com minha vida de entrega. Que meu coração Te receba como terra seca recebe água. Faz-me limpa dos meus pecados. Em nome de Jesus, amém.

Deus se agrada do louvor. Não é desejo de ser bajulado, mas de ter comunhão. As expressões de amor, gratidão e oração, as melodias e os cânticos espirituais criam na terra um ambiente celestial e Deus é honrado.

Faça da sua casa e da sua mente um lugar de louvor. Fugirão as lamúrias, as reclamações, as intrigas, as tristezas, o desânimo, a raiva... O coração ficará enternecido. É uma experiência real. É pacificadora, serena, transcendental. É remédio para uma mente enfermiça, para uma vida triste, solitária. "Cantando salmos, hinos e cânticos espirituais entre si e louvando o Senhor de coração com música" (Efésios 5:19).

Cante, cante os louvores, as promessas, os salmos, os provérbios. Que as palavras de Jesus estejam na sua boca. Jeová-Sabaoth, o Senhor dos exércitos, dominará sobre a sua vida. Ele é a cura verdadeira, milagre e salvação.

O Espírito do Senhor Soberano está sobre mim, pois o Senhor me ungiu para levar boas-novas aos pobres. Ele me enviou para consolar os de coração quebrantado e para proclamar que os cativos serão soltos e os prisioneiros, libertos. Ele me enviou para dizer aos que choram que é chegado o tempo do favor do Senhor e o dia da ira de Deus contra seus inimigos. A todos que choram em Sião ele dará uma bela coroa em vez de cinzas, uma alegre bênção em vez de lamento,

louvores festivos em vez de desespero. Em
sua justiça, serão como grandes carvalhos
que o Senhor plantou para sua glória.

(Isaías 61:1-3)

Deus faz trocas incríveis. É sempre do caos para a ordem. Das trevas para à luz. Da tristeza para a alegria. Da aridez que a angústia causa para a alegria de uma vida de louvor. Ponha o louvor em prática, e a presença de Deus mudará tudo. "Sei que o Senhor está sempre comigo; não serei abalado, pois ele está à minha direita. Não é de admirar que meu coração esteja alegre e eu exulte; meu corpo repousa em segurança" (Salmos 16:8-9). Que haja mais cânticos e menos palavras rudes. Que haja mais adoração e louvor em lugar de críticas, brigas e embaraços.

No deserto, o povo de Deus cantava para aliviar o cansaço na jornada. Indo para o calvário, Jesus também cantou.

Louvem o Senhor todas as nações; louvem-
-no todos os povos. Pois grande é o seu
amor por nós; a fidelidade do Senhor dura
para sempre. Louvado seja o Senhor!

(Salmos 117)

Há estudos que mostram os inúmeros efeitos da música sobre a saúde emocional. É um recurso contra o medo, a ansiedade, a depressão e a melancolia. Por que não usar tão grande bem

Deus faz trocas incríveis. É sempre do caos para a ordem. Das trevas para a luz. Da tristeza para a alegria.

concedido pelo Criador? Enquanto Ele criava o mundo, os anjos cantavam. Cante você também.

"Pois é crendo de coração que você é declarado justo, e é declarando com a boca que você é salvo" (Romanos 10:10). Abra a boca para declarar fé. Tenha fé em Jesus Cristo. Fé salvadora, ato de entrega completa e irrestrita a Ele. Ensine sua mente a crer, e não a duvidar. Ensine sua mente a crer nas promessas que o Todo-Poderoso faz. "As sementes são a palavra de Deus" (Lucas 8:11). O dom de Deus está nas promessas que faz. Se forem semeadas em um coração receptivo, haverá frutos preciosos. Quem fala sobre fé e cultiva a fé, mais fé terá. Já o que nutre dúvidas, dúvidas terá.

A boca comunica a fé e valida o que está na alma. O Senhor Jesus disse que "a boca fala do que o coração está cheio" (Mateus 12:34). Então, quem possui nosso coração? Em quem estão nossos pensamentos? Qual é nosso assunto predileto? São de Cristo as nossas melhores afeições? São sobre Ele as nossas canções? É possível dizer, como Paulo, que "vivo neste corpo terreno pela fé no Filho de Deus, que me amou e se entregou por mim" (Gálatas 2:20)?

Tiremos os olhos de nós mesmas e olhemos mais para Cristo. Que Ele seja mais vezes a razão do que pensamos e fazemos. Que a vida Dele esteja em nós e algo novo se faça.

Amada, fale mais sobre o poder do Eterno. Repitas palavras de vida e salvação. Em dias escuros, densos, penosos, tome o que disse Deus e creia. Não importa se é afinada ou desafinada, cante.

Cante com o coração grato. Cante ainda que esteja triste. Cante. Você pode estar perguntando: "Como, Darleide? Como irei cantar se não tenho motivos? Você não sabe o que tenho sofrido". Você tem razão. Não sei o que você está passando, mas sei que Jesus Cristo e a salvação são os melhores motivos para cantar.

Pare de se concentrar tanto nas coisas desta vida e em seus problemas. Pense sobre quão precioso é Jesus. Apegue-se ao Onipotente, e não O deixe. Não olhe tanto para o que é sombrio. Tenha esperança. Contemple a Jesus e diga: "Meu Salvador, não temerei. Sei que me amas. Não duvidarei de Tuas promessas. Me aparto do inimigo porque cortaste as cordas que me prendiam a ele e a suas mentiras". É assim que educamos a mente: declarando fé. Satanás lançará suas infernais tentações, mas tenha fé. Ele fez o mesmo com Jesus e foi vencido. Você também, em Cristo, vencerá. Tudo que você deve fazer é olhar além.

Cristo devolve o riso à nossa face. Dá filhos às estéreis. Capacita as inexperientes. Consola as abatidas. Salva as perdidas. Ele é o Deus de Maria e de Isabel. Esse é o nosso Deus presente, constante e fiel. Ele é o Deus das mulheres esquecidas, mal faladas, mal-amadas.

Você se lembra do encontro entre Ele e a mulher samaritana no poço de Jacó? Não foi acidental. Um judeu conversando com uma samaritana seria muito malvisto. Havia uma histórica indisposição entre judeus e samaritanos, você sabe disso. Eram inimigos. Qualquer aproximação era tida como ilícita. Só que Jesus não vê barreira alguma para salvar. Você pode ser quem for, vir de onde vier, fazer o

Pare de se concentrar
tanto nas coisas
desta vida e em seus
problemas. Pense sobre
quão precioso é Jesus.

que fizer. Ele não levanta dificuldade alguma. Ele derruba todas, se faz ponte, se faz fonte, se faz água. Pede água, mas Ele é quem sacia. Pede um favor, mas Ele é quem favorece.

A mulher estranhava que um judeu lhe dirigisse a palavra. Ele buscava oportunidade de salvá-la de seus preconceitos e erros. Ela se gabava de ter água de um poço especial: "Você se considera mais importante que nosso antepassado Jacó, que nos deu este poço?" (João 4:12). Pobrezinha, ainda não havia se dado conta de que quem estava ali era sim maior que Jacó e todos. Da mesma forma, há quem procure alegria em poços que considera melhores e suficientes. Não conheceu ainda o Único que verdadeiramente alegra e satisfaz.

Uma mulher sem marido, buscando se esquivar e se esconder dos olhares de quem a acusava de ser mulher de ninguém, é surpreendida por Aquele que a deixa impressionada por saber tudo sobre sua vida e, ainda assim, não a condenar. Era uma pecadora que aguardava o Messias como seus patrícios também. Sabia que viria o Senhor para anunciar todas as coisas. Agora tinha o privilégio de vê-Lo e de com Ele falar. "Sou eu, o que fala com você!" (João 4:26). Foi suficiente para a samaritana crer, sem a necessidade de um milagre, de uma demonstração grandiosa. Apenas creu. Foi suficiente saber que quem lhe falava era o enviado de Deus. Enquanto muitos esperavam um rei com cetro, servos e palácio, a samaritana creu num homem de pés empoeirados, que lhe ofereceu a salvação. Mulher bem-aventurada!

De pronto, saiu correndo para contar o que viu e ouviu. Deixou o cântaro, as expectativas frustradas, os medos, a vergonha. A mulher que andava se escondendo agora sai gritando. Em vez de se preocupar em ter ou não ter marido, anuncia que o Messias prometido falou com ela e que todos precisam conhecê-Lo. Esqueceu-se de si para falar do Senhor. Quem se escondia agora surge pelas ruas, cheia de extasiante alegria. Aqueles que não lhe eram amigáveis recebem da sua boca o testemunho da graça. Samaria foi evangelizada por uma mulher. Quão preciosa é para o Senhor uma vida que anuncia a salvação porque foi salva.

Que água que nada. Que marido que nada. O Messias está aqui. O prometido está aqui no meio de nós! É possível que você esteja aí pensando: "É que você não sabe o que vivi, como fui abandonada, como luto para ser feliz e não sou". Largue esse cântaro, mulher. Você já parou para pensar que a sua história é semelhante à da samaritana? Ela estava no poço, tirando água com as próprias forças; aplicando todo seu esforço numa solução momentânea.

Há mulheres hoje tentando preencher o vazio da alma com coisas passageiras. Há aquelas que cavam soluções na superficialidade, mas não encontram nada que as faça ter plenitude. Você sabe disso. Há dias que você come descontroladamente, querendo que a comida sacie sua fome de sentido. Há dias que você chora e entrega sua alma à desesperança. Seu marido está em casa, mas você se sente sozinha, negligenciada. Ou pode ser que, como a samaritana, você não tenha marido e isso a deixe triste. Há pessoas à sua volta, mas não a enxergam. Anda frustrada. Não realizou o que sonhou ou nada sonhou viver. Faz força para que não vejam sua dor, mas Jesus vê e lhe oferece bênção. "Você me pediria e eu lhe daria água viva" (João 4:10).

Será que temos pedido com fé? Será que temos sido gratas pelo que já recebemos? Temos o que dizer aos outros sobre o que Jesus fez por nós e em nós? Estamos saciadas ou sedentas? Alegres ou ainda tristes pelo que não temos? Gratas pelo dom da salvação ou ainda perdidas?

Quando Jesus encontrou aquela mulher, Ele se encontrou comigo e com você. Diz a mesma coisa. Não é marido, não é água do poço de Jacó, não é o que pensam ou dizem a seu respeito. Eis o que você precisa ouvir somente Jesus dizer: "Sou eu, o que fala com você!" (João 4:26).

Responda a Ele.

Aquela mulher tentou por cinco vezes e não conseguiu. Tentou cinco relacionamentos e todos fracassaram. Mas o Eu Sou falou com ela e lhe mostrou que o que ela queria era nada em comparação com a riqueza de glória que Ele tinha para dar. Em vez de fazê-la mulher casada, Ele a fez adoradora. Uma mulher extraordinária.

Oração

Senhor, não tenho essa fé naturalmente. Dá-me, por favor. Quero ter a fé que Te moveu no Getsêmani e comoveu o Céu. Sobretudo, careço da fé que Te fez andar até a cruz e ainda sob o madeiro, lavado de sangue, cansado, com fome e sede. Podendo fugir, sentindo vontade de ir, ficaste, resististe e bradaste: "Em Tuas mãos entrego o meu espírito". A Ti entrego a minha dor. Entrego minhas alegrias, meus sonhos, minhas expectativas, casamento, filhos, planos...

Recebe, Senhor, e me dá em troca a Tua paz. Como fizeste pela samaritana, faz por mim também. Perdoa os meus pecados, me dá da água viva, me dá o Teu Espírito, me revela a Tua face.

Leva-me a outros para testemunhar. Derruba as barreiras para eu contar. Que ouçam minha voz louvar o dom da salvação que recebi. Por favor. Em nome de Jesus, assim seja!

12

Crer antes de receber

*Disse ele à multidão: "Se alguém quer
ser meu seguidor, negue a si mesmo, tome
diariamente sua cruz e siga-me".*

Lucas 9:23

Um dia Jesus curou dez leprosos que clamavam à distância. Com a piedade de sempre, Ele os mandou ir ao sacerdote, seguindo o ritual levítico em voga. O sacerdote era quem atestava a doença e a cura. Aqueles homens obedeceram imediatamente. Partiram antes que fossem curados. Somente enquanto andavam perceberam o milagre. Só no caminho é que o poder de Deus foi visto.

Os leprosos — purulentos, dilacerados, afastados do convívio com a família, a sociedade e a religião — fizeram o que lhes havia sido indicado sem demonstrar dúvidas. E nós? Por que muitas vezes somos tão demoradas e teimosas em obedecer imediatamente ao Deus altíssimo? Por que confessamos nossa crença com a boca, cremos no contexto moral e religioso, mas somos tão vagarosas em crer na Palavra? Você crê que pode ser curada? Que está salva e curada? "Meu justo viverá pela fé" (Hebreus 10:38). Não espere até que se sinta curada, mas diga: "Creio-o; assim é, não porque eu o sinta, mas porque Deus o prometeu".[1]

Ele não mudou: "Eu sou o SENHOR que os cura" (Êxodo 15:26). Mas cuidado com falsas curas. Satanás também age

---

[1] Ellen G. White. *Caminho a Cristo*. Tatuí: CPB, p. 51.

com falsos cristos e falsos profetas que realizam "grandes sinais e maravilhas a fim de enganar, se possível, até os escolhidos" (Mateus 24:24). Satanás pode falsear o bem, para seduzir e enganar: "Até mesmo Satanás se disfarça de anjo de luz. Portanto, não é de admirar que seus servos também finjam ser servos da justiça. No fim, receberão o castigo que suas obras merecem" (2Coríntios 11:14-15). A cura que Deus opera é completa. Cura o corpo, a mente e salva. Salva do pecado. Salva do inferno. Cuidado! Cura que não transforma também o coração não é cura que Deus opera.

> *Sadraque, Mesaque e Abede-Nego responderam:*
> *"Ó Nabucodonosor, não precisamos nos defender*
> *diante do rei. Se formos lançados na fornalha*
> *ardente, o Deus a quem servimos pode nos salvar.*
> *Sim, ele nos livrará de suas mãos, ó rei. Mas,*
> *ainda que ele não nos livre, queremos deixar*
> *claro, ó rei, que jamais serviremos seus deuses ou*
> *adoraremos a estátua de ouro que o rei levantou".*
>
> **(Daniel 3:16-18)**

Que fé extraordinária. Se Deus não livrá-la da fornalha, creia da mesma forma. Ele é Deus. A preocupação não está em viver ou morrer. Qualquer pessoa entraria em desespero. Qualquer pessoa sem fé — porque quem tem fé resoluta não se desespera — se entrega: "Se vivemos, é para honrar o Senhor. E, se morremos, é para honrar o Senhor. Portanto, quer vivamos, quer morramos, pertencemos ao Senhor" (Romanos 14:8). É preciso desenvolver fé prática. De outra maneira, frente às sugestões do Destruidor, a nossa fé desvanece, arrefece, vacila, desobedece e cai.

Há religiosos ateus, sabia? Creem desde que vejam milagres. Isso corresponde a dizer que não creem de verdade. A multidão disse a Jesus: "Se deseja que creiamos no senhor, mostre-nos um sinal. O que o senhor pode fazer?" (João 6:30). Faremos o mesmo com o Senhor? Exigiremos milagres para então crermos? Que fé traiçoeira, covarde. Se bem que é assim na vida: dizemos meias verdades, cremos em meias palavras e vivemos pela média no trabalho, nos relacionamentos e, o que é pior, também na vida espiritual. Dizemos crer, mas vivemos como quem não crê, a não ser que haja milagres.

Nossa fé alcança o tamanho da nossa satisfação. Se estou satisfeita, Deus é bom. Se tudo correu como planejei, é milagre. Porém, quando o inesperado acontece, quando doença, morte, decepção e frustração chegam, então "Deus se esqueceu de mim". Nossa fé se baseia mesmo em milagres? Cremos em um Deus que é apenas fazedor de milagres?

Jesus disse a um oficial do governo que pedia a cura de seu filho: "Jamais crerão, a menos que vejam sinais e maravilhas!" (João 4:48). Essa é uma reprovação à fé puramente interesseira. "Felizes são aqueles que creem sem ver" (João 20:29). Felizes, abençoados, prósperos são os que lançam a semente da fé e não duvidam da colheita. Não precisam ver o fruto para crer, mas creem na boa safra sem que ao menos tenham visto os brotos.

E se alguma praga atacar, não desanimam, mas aceitam e plantam outra vez.

Nossa jornada não é meramente humana e natural, mas divina e sobrenatural. É preciso avançar sobre as adversidades. Avançar até o infinito. Estamos falando a respeito de coisas que "'olho nenhum viu, ouvido nenhum ouviu, e mente nenhuma imaginou o que Deus preparou para aqueles que o amam'. Mas foi a nós que Deus revelou estas coisas por seu Espírito. Pois o Espírito sonda todas as coisas, até os segredos mais profundos de Deus" (1Coríntios 2:9-10).

Não há segredos entre nós e o Pai. Aos que o amam, Ele conta aquilo que ninguém imagina ser possível. O Santo dos santos se deixa ser conhecido e anuncia o que está preparado aos crentes fiéis; aos que o recebem como digno, magnífico e eterno; aos que foram possuídos pela fé em Seu poder e amor; aos que confiam que Ele é poderoso para salvar, limpar da culpa e fazer nascer de novo quem pensava estar fadado a uma vidinha qualquer. Ele tem o extraordinário e nos entrega tudo. Seu reino é nosso. Sua casa é nossa. Seu Espírito é nosso. A salvação nos pertence porque tudo o Pai e Jesus nos deram. O Espírito Santo nos foi dado para nos deixar firmes e constantes nessa verdade.

A quem temer? Por que andamos chorando, atribuladas, perdidas, confusas, espantadas? Por que nossos pensamentos são tacanhos? Por que somos aterrorizadas pelas aflições? Há motivos para lágrimas. Sofrimentos muitas vezes nos assaltam e nos sequestram em plena luz do dia ou na calmaria da noite, mas se proteja de perder a esperança e a confiança no Deus vivo, que tem mais e maiores bênçãos além das que se veem e se podem contar com palavras humanas. Tudo será restituído!

Li recentemente a carta de um pai que relata ter perdido três filhos em pouco mais de um ano. Os três eram jovens e tementes a Deus, e morreram subitamente, sem tempo para socorro. Enquanto lia a carta, meu coração ficou apertado, imaginando-me no lugar daquele homem que, enquanto ainda vivia o luto de um filho, perdia os outros dois. É claro que muitos "por que?" são evocados. Por que se abateu tão grande mal sobre eles? Por que Deus permitiu? Por que Deus não impediu?

Não há respostas para isso agora. E não espere que Deus responda tudo agora. Jó não entendeu nada do que aconteceu. Não soube por que os filhos, o gado e os empregados morreram e por que tudo acabou. Quando Deus falou com ele, não lhe explicou nada. Apenas lembrou-o quem era: o Eu Sou. O que põe limites no céu, na terra e no mar apenas assegurou a Jó que tinha o controle do universo nas mãos. Jó o adorou dizendo: "Antes, eu só te conhecia de ouvir falar; agora, eu te vi com meus próprios olhos" (Jó 42:5).

Deus quer fazer uma obra invisível em sua alma. Limpar todo embaraço com o céu, reatar os laços com o infinito e fazer fluir paz em sua alma. "'Mas eu lhes mostrarei que o Filho do Homem tem autoridade na terra para perdoar pecados'. Então disse ao paralítico: 'Levante-se, pegue sua maca e vá para casa'" (Mateus 9:6). Essas palavras foram ditas a um paralítico que ouviu a voz de autoridade do Nazareno e se levantou para viver plenamente. Se essa verdade for abraçada com a simplicidade de uma criança, se houver gratidão por ter sido aceita como filha de Deus, então uma paz incomparável será sua companhia.

As memórias tristes, os horrores do pecado, as discórdias e as más palavras não mais serão prisões. Haverá liberdade, saúde, alegria, vida nova. Nunca pense que seu pecado confessado e abandonado ainda separa você do Senhor. Como o paralítico a quem Jesus mandou se levantar e andar, você irá saltar e se alegrar pela maravilhosa graça do perdão e da salvação.

O paralítico ficou satisfeito ao ouvir que seus pecados haviam sido perdoados. Muitas de nós andamos doentes porque os pecados nos oprimem. A culpa nos consome como um câncer. Há rancor e ódio encapsulados na memória, gotejando morte, paralisando e destruindo a vida. Porém, há algo de maior excelência. Seja perdoada e livre!

> De todos os lados somos pressionados por aflições,
> mas não esmagados. Ficamos perplexos, mas
> não desesperados. Somos perseguidos, mas não
> abandonados. Somos derrubados, mas não
> destruídos. [...] Por isso, nunca desistimos. Ainda
> que nosso exterior esteja morrendo, nosso interior
> está sendo renovado a cada dia. [...]. Pois as
> coisas que agora vemos logo passarão, mas as
> que não podemos ver durarão para sempre.

(2Coríntios 4:8,9,16,18)

Crer antes de receber

O mártir Estêváo viu além das perdas, além dos assassinos, além da dor e do sangue — ele viu a revelação de Deus. Viu Jesus, ao lado do Pai, em pé, olhando para ele. Morreu vendo o céu aberto. Quando contemplamos a glória do Senhor, náo sentimos com a mesma força o mal que nos fazem ou o mal que nos dizem. O veneno da seta inflamada toma uma dimensáo inferior quando o alvo do nosso olhar é Jesus. Quando vivemos tribulações, parece que o inferno abriu suas portas para nos destruir, mas na verdade o cristáo pode ver o céu se abrir acima. Satanás tenta nos desencorajar, nos apedrejar com todas as suas hostes malignas, mas o olhar de aprovaçáo de Cristo sobre a nossa coragem de sofrer sem covardia vence o mal e cala os inimigos. Podem matar o corpo, mas quem tirará nossa vida das mãos de Deus?

Amiga, levante os olhos e alcance o olhar de Jesus. Náo há dor que se compare ao Seu amor. Náo há tristeza que suplante para sempre a alegria e a paz que o Espírito Santo confere ao coraçáo do que crê. Já lhe disseram que você precisa de fé para vencer e eu digo que é preciso ter fé para ver o céu aberto. Essa é a verdadeira vitória. Náo falo teoricamente, náo falo de ouvir os outros, falo por experimentar pessoalmente que Jesus náo está longe e náo é indiferente. Ele está perto e genuinamente atento a você.

Náo é tempo de nos deixar vencer pelo desânimo. Deus ainda está em Seu Santo Trono. Logo há de Se levantar e nos buscar. Nem mesmo a morte deveria nos levar ao desespero. "Felizes os que, de agora em diante, morrem no Senhor. Sim, diz o Espírito, eles sáo verdadeiramente felizes, pois descansaráo de seu trabalho árduo; porque suas boas obras os acompanharão" (Apocalipse 14:13).

Somos uma geração ansiosa e medrosa. Tudo porque copiamos o modelo de vida dos que não creem em Deus. Pomos nossa dependência em coisas que temos que fazer e pouca confiança Naquele que tem o comando de todo o universo. A fé sustenta. A fé espera. Não é sentimento. É justamente quando tudo parece perdido que devemos exercer a fé guardada em dias de paz.

Ouço as pessoas dizerem: "Já orei. Falei com Deus, mas nada aconteceu". Não é uma questão de falar com Deus e algo acontecer, mas é falar com Deus sobre algo que nos acontece e ficar atenta para ouvir o que Ele quer que façamos. Entendeu? Ele fala e eu faço. Mas queremos falar para Ele agir. Fácil. Eu me torno Deus e Ele se faz criatura para obedecer a minha voz? Não são nossos sentimentos e emoções que nos tornam filhas de Deus, mas o fato de fazermos a vontade de Deus. Quando entender que não pode ser cristã e ao mesmo tempo só fazer o que lhe agrada, quando reconhecer que é preciso render sua vontade a Deus, então, você poderá aceitar o convite: "Venham a mim e eu lhes darei descanso" (Mateus 11:28).

Uma mulher levada pelo sentimento me enviou a seguinte mensagem: "Darleide, me ajude. Sou casada, mas me apaixonei por outro homem. Meu marido é excelente, mas não me sinto feliz. Penso que devo dar um tempo no casamento, contar para o meu marido, ser sincera com ele e buscar minha felicidade. Já orei, falei com Deus, mas nada mudou".

Falta em nós mais obediência e menos emoção, menos lamentos e mais disposição em cumprir o "assim diz o Senhor".

Fiada no sentimento, quer desafiar o que está escrito: "Não adulterarás". O desejo de possivelmente ser feliz com outro homem é um laço maldito. Não há o que acrescentar. Deus não tem novidades sobre o assunto. Não diga que Deus não a responde. O Senhor ouve a todo clamor e responde. Acontece que a resposta Dele é: Não adultere. Queremos cura, queremos solução e até clamamos por ajuda, por libertação, mas queremos obedecer?

Falta em nós mais obediência e menos emoção, menos lamentos e mais disposição em cumprir o "assim diz o Senhor". No sermão da montanha, Cristo não disse: "Felizes os que são felizes, porque verão a Deus". Disse, porém: "Felizes os pobres de espírito, felizes os que choram, felizes os humildes, felizes os que têm fome e sede de justiça, felizes os que promovem a paz, felizes os perseguidos por causa da justiça, pois serão chamados filhos de Deus". Amada, busque mais santidade e menos essa tal felicidade baseada em atender os desejos de uma natureza pecaminosa. Felizes os limpos de coração porque verão a Deus. Meus desejos, meu governo? Não pode ser.

Amada, que fé é essa que carregamos estampada em camisetas, fotos e perfis nas redes sociais com legendas bonitas? Essa fé procede? Tem robustez? Suporta as quedas e nos protege contra o câncer da incredulidade? É de natureza poderosa, que quase queima, esteriliza a mente e a desintoxica do pecado? Jesus mostrou que os sentimentos não traçam um caminho seguro. Ele seguiu o Seu dever. Sentindo saudade do céu, desejando voltar para casa, seguiu mesmo assim e Se entregou para morrer. "Seja feita a tua vontade, assim na terra como no céu" (Mateus 6:10).

13

O amor em ação

Então sua luz virá como o amanhecer, e suas feridas sararão num instante. Sua justiça os conduzirá adiante, e a glória do SENHOR os protegerá na retaguarda. Então vocês clamarão, e o SENHOR responderá. "Aqui estou", ele dirá.

Isaías 58:8-9

Já ouvimos e lemos bastante sobre o amor e o poder eficaz do Pai, do Filho e do Espírito Santo. Não restam dúvidas de que mesmo em face de terríveis aflições ou grandes alegrias, dando respostas sobre Seus planos ou fazendo silêncio às nossas perguntas, o Eterno está no comando de tudo. Mas como ter uma vida prática de bênçãos e alegrias?

As alegrias vividas aqui não são as alegrias que teremos na eternidade. A cura que recebemos aqui não afasta a sombra da morte, mas a morte dá lugar à vida quando a prática da nossa fé extrapola os limites do ego. Agora que estamos abastecidas e que nos achamos cheias de graça e de verdade, o que faremos com tanta luz?

Você sabe que nossa doença se chama egoísmo. Nossa mente e nosso corpo adoecem de tanto reter e pouco ofertar. Retemos bondade, compaixão, sorriso, perdão. Retemos até o pão que está sobre a mesa e temos condições de compartilhar.

Amiga, para mulheres que realmente entendem o que é uma vida rica da presença de Deus, não estamos vivendo muito abaixo da linha da pobreza espiritual? Sabe como avaliar isso? No cotidiano. Saindo um pouco de cena para perceber que nem tudo é sobre nós. O egocentrismo pode nos destruir.

Quando aprendermos a ajudar mais aos outros, Deus terá pressa em nos visitar com bênçãos grandiosas. Ele diz, por meio do profeta Isaías:

> *Então sua luz virá como o amanhecer, e suas*
> *feridas sararão num instante. Sua justiça*
> *os conduzirá adiante, e a glória do SENHOR*
> *os protegerá na retaguarda. Então vocês*
> *clamarão, e o SENHOR responderá. "Aqui*
> *estou", ele dirá. "Removam o jugo pesado*
> *de opressão, parem de fazer acusações e*
> *espalhar boatos maldosos. Deem alimento aos*
> *famintos e ajudem os aflitos. Então sua luz*
> *brilhará na escuridão, e a escuridão ao redor*
> *se tornará clara como o meio-dia. O SENHOR*
> *os guiará continuamente, lhes dará água*
> *quando tiverem sede e restaurará suas forças.*
> *Vocês serão como um jardim bem regado,*
> *como a fonte que não para de jorrar".*

(Isaías 58:8-11)

Que palavras arrebatadoras! Não há psiquiatra, psicólogo, método nem esperança que traga mais cura que elas. São a melhor receita de vida que existe. Deus só pede justiça e generosidade para que Ele mesmo Se apresse em atender nossa necessidade de cura, amor, vigor e vitória.

Atente para este remédio: ajude mais as pessoas que precisam. Se compadeça mais dos miseráveis. Se importe mais com a dor do outro. Pare de viver tão preocupada em entender suas próprias aflições. Tenha tempo para ouvir os outros. Evite dar tanta importância aos seus próprios traumas e pesares. Aprecie mais as chances de aliviar a agonia de alguém. Gaste menos com seus próprios prazeres e dê alegria a outros, suprindo o bem de que necessitam. Não diga que vai orar por alguém quando você pode ajudar com dinheiro, roupa, remédios, sapatos.

Evite um guarda-roupas cheio sabendo que há muitos com pratos vazios. Seja mais discreta. Em tudo mostre discrição: nas roupas, na maquiagem, nas palavras, no tom da voz; mas não economize amor, revelando-o numa vida que serve, que se importa com quem sofre.

Morava em Cesareia um oficial do exército romano chamado Cornélio, capitão do Regimento Italiano. Era um homem devoto e temente a Deus, como era também toda a sua família. Dava aos pobres esmolas generosas e sempre orava ao Senhor. [...]. "De repente, um homem vestido com roupas resplandecentes apareceu diante de mim.

Ajude mais as pessoas que precisam. Se compadeça mais dos miseráveis. Se importe mais com a dor do outro. Pare de viver tão preocupada em entender suas próprias aflições.

O amor em ação

*Ele me disse: 'Cornélio, Deus ouviu sua
oração e se lembrou de suas esmolas'".*

(Atos 10:1,2,30,31)

Esse é um assunto seríssimo. O que está diante de Deus a nosso respeito? Não sei. Temo que gastemos mais tempo falando de autoestima do que estimando a necessidade dos outros. Devemos nos demorar orando e alimentando os famintos. Orando e acudindo o que sofre. Orando e visitando o doente. Orando e levando paz ao angustiado. Orando e sendo bênção. Ore mais pelas pessoas. Desenvolva o hábito de falar com Deus sobre amigos e inimigos, cristãos e não cristãos. Enquanto apresentamos nomes em oração, o Senhor anota o nosso nome no livro da vida. Faça isso com fé e o Eterno cumprirá a promessa de socorro em sua vida também.

"Acima de tudo, revistam-se do amor que une todos nós em perfeita harmonia" (Colossenses 3:14). Mas que amor? O de palavras? Não, o amor que é de fato e de verdade. Até a maneira de orar revela o nível de amor que temos pelo Senhor. As palavras que dizemos em oração já autorizam ou desautorizam a bênção. "Quem ajuda os pobres empresta ao Senhor; ele o recompensará" (Provérbios 19:17). No sermão profético, Jesus se identifica com os sofredores: Jesus tem fome e sede; Jesus é estrangeiro; Jesus precisa de roupas; Jesus está doente; Jesus está na prisão. Assim, quando negligenciamos cuidar de alguém, negligenciamos o próprio Jesus (Mateus 25:34-45).

Que passemos mais tempo prostrados, orando por outras pessoas e não somente por nós. Que passemos menos tempo planejando coisas grandes para nós mesmos, a fim de encontrar espaço para ajudar quem precisa. Quem dera pensássemos mais sobre como tornar a vida de alguém menos desconfortável.

Que o Senhor se apodere totalmente de nosso coração e o faça regenerado e generoso. Que tenhamos mais amor uns pelos outros. Que em nós haja um pouco de Marta e Maria: coragem para trabalhar e amor para se aquietar aos pés do Salvador Jesus. Que sejamos como Marta para servir, sem nunca negligenciar a doçura da presença do Senhor, como fez Maria.

Que haja em cada uma de nós o mesmo espírito de liberalidade, desapego e amor ao Reino que havia na viúva que ofertou tudo o que tinha no templo (Lucas 21:1-4). Isso não tem a ver com dar dinheiro; tem a ver com possuir a mentalidade do Reino. O dinheiro de muitas tem sido gasto com enfeites desnecessários, adereços inúteis, modas supérfluas, enquanto o Reino de Deus carece de recursos para espalhar a luz do evangelho e suprir necessidades físicas, emocionais e espirituais de muitos. Às vezes, amiga, estamos adoecidas pelo egoísmo. Quantas mulheres são tristes por não terem as coisas comuns que tanto desejam. Se comparam com outras e se veem infelizes. Se queixam da aparência e da falta de itens fúteis. A vida é tão mais que isso. Do que vale ter aparência, mas um coração vazio?

Em um mundo tão enfermado por consumo, avareza, vaidade e ostentações, as filhas de Deus são ensinadas a ser discretas

Que em nós haja um
pouco de Marta e
Maria: coragem para
trabalhar e amor para
se aquietar aos pés do
Salvador Jesus.

e bondosas. "Da mesma forma, quero que as mulheres tenham discrição em sua aparência" (1Timóteo 2:9). A Palavra de Deus nos exorta à sobriedade.

Há sempre uma moda nova para seguir. Satanás está nos bastidores, criando modas e mais modas, deixando mulheres ansiosas por esse assunto. Tempo e dinheiro são dedicados às exigências de moda, e é claro que faltarão tempo e dinheiro para finalidades mais honrosas. O coração dividido se torna cada dia mais ocupado com futilidades. A moda é um deus e muitas são suas adoradoras. Não são guiadas por princípios, mas pelo encantamento exercido no templo do consumismo. Satanás é bem-sucedido nessa artimanha. Ele sabe que uma mente estimulada pelo desejo de seguir modas é fraca para compreender a vida espiritual. Torna-se uma mente mundana, obcecada por chamar a atenção.

No vestuário ou em qualquer outra coisa, é um privilégio honrar nosso Criador. Quando Deus ensinou os sacerdotes sobre os serviços no tabernáculo, teceu detalhadamente o modelo da roupa que deveriam usar para oficiar diante Dele naqueles dias. Ele tem exigências quanto à roupa dos que o servem. Elas eram simbólicas no passado como são simbólicas hoje; afinal, devemos representar Jesus Cristo em tudo. Para falar de beleza, Jesus apela para flores, os lírios. Ou seja, o céu aprecia o belo, simples e puro.

A qual divindade queremos servir com uma aparência tão contraditória à nossa profissão de fé cristã? Se o Espírito Santo nos guia, nos levaria por modas sensuais e fúteis? Uma mulher guiada pelo Espírito buscaria coisas seculares em primeiro lugar e o Reino de Deus em segundo? Jesus alertou:

> *Entrem pela porta estreita. A estrada*
> *que conduz à destruição é ampla, e*
> *larga é sua porta, e muitos escolhem*
> *esse caminho. Mas a porta para a*
> *vida é estreita, e o caminho é difícil,*
> *e são poucos os que o encontram.*
>
> **(Mateus 7:13-14)**

Imagine pessoas que professam andar no caminho estreito fazendo companhia a pessoas que andam no caminho largo, para influenciá-las em seu modo de vida. Falam de Jesus, de Sua graça e Sua lei. Convidam-nas a morrer para o mundo, a tomar a cruz e seguir o Senhor. As do caminho largo, por não terem entendimento espiritual, então, perguntam: "Que diferença há entre nós? Vocês agem como nós, se vestem como nós, se divertem como nós... Que diferenças há?". Essa pergunta é justa. O mundo não vê nossas intenções, nosso coração, nossa comunhão, a menos que o exterior revele.

> *Vocês são a luz do mundo. É impossível*
> *esconder uma cidade construída no alto*
> *de um monte. Não faz sentido acender*
> *uma lâmpada e depois colocá-la sob um*

cesto. Pelo contrário, ela é colocada num
pedestal, de onde ilumina todos que estão
na casa. Da mesma forma, suas boas obras
devem brilhar, para que todos as vejam
e louvem seu Pai, que está no céu.

(Mateus 5:14-16)

As obras, o que aparece, o que é visto exteriormente, é prova de que há luz no interior — exceto quando o coração é falso. Exceto quando se é um sepulcro caiado, um corpo coberto de roupas decentes para esconder um coração podre.

Não se preocupem com a beleza exterior
obtida com penteados extravagantes, joias
caras e roupas bonitas. Em vez disso, vistam-
- se com a beleza que vem de dentro e que
não desaparece, a beleza de um espírito
amável e sereno, tão precioso para Deus.

(1Pedro 3:3-4)

Que tudo que fizermos esteja impregnado da religião de Cristo. Seja caridade, seja uma simples compra, seja uma roupa que usamos, tudo dá testemunho a respeito de quem nos governa.

14

Decida agora

Deuteronômio 11:26-28

A palavra de Deus foi achada no templo. Estava perdida, mas um sacerdote a encontrou. O livro da lei foi levado, então, ao rei Josias para que fosse lido. O que ali estava escrito foi tão decisivo para o rei que ele rasgou suas vestes em sinal de arrependimento e humilhação (2Reis 22:11).

Diante da luz da Palavra, Josias temeu os juízos de Deus. Quem dera o Espírito Santo encontrasse lugar em nosso coração para nos tornar humildes assim. Andamos tão arrogantes. Tão donas de uma verdade criada por nós mesmas. Como um evangelho de prateleira, escolhemos o que nos agrada e tocamos a vida como queremos. Deus que Se ocupe em concordar e abençoar.

O rei de Israel, diante da Palavra do soberano Deus, temeu e se prostrou. Após receber consolo do Senhor, fez o que sua autoridade permitia. Chamou todos que estavam sob seu domínio para também saberem o que estava escrito sobre santidade e salvação. Após isso, se colocou junto à coluna real e, na presença do

Senhor, fez uma aliança, se comprometendo a obedecer a Deus de todo o coração; se submetendo aos Seus mandamentos, preceitos e decretos; confirmando as palavras da aliança escritas naquele livro. Todo o povo se comprometeu. O rei deu ordens ao sumo sacerdote, aos sacerdotes auxiliares e aos guardas das portas que retirassem do templo do Senhor todos os utensílios feitos para Baal e Aserá e para todos os exércitos celestes. Ele os queimou fora de Jerusalém, nos campos do Vale de Cedrom e levou as cinzas para Betel (2Reis 23:3-4).

Em atitude solene, o povo ouviu as palavras escritas na lei de Deus, provavelmente palavras como:

> *Vejam, hoje lhes dou a escolha entre bênção e*
> *maldição! Vocês serão abençoados se obedecerem*
> *aos mandamentos do Senhor, seu Deus,*
> *que hoje lhes dou, mas serão amaldiçoados*
> *se rejeitarem os mandamentos do Senhor,*
> *seu Deus, afastando-se de seus caminhos e*
> *adorando deuses que vocês não conheciam.*
>
> **(Deuteronômio 11:26-28)**

Estava anunciada uma aliança de obediência com o Altíssimo. Todos se voltaram para o Poderoso de Israel. Houve um grande renovo de fé.

Há uma questão seríssima nesse relato. Dentro do templo havia vasos usados em cultos oferecidos a Baal. Que triste! O povo de Deus havia apostatado completamente. Nada novo debaixo do sol. Todas as vezes que a Palavra for perdida, as trevas encontrarão espaço. O lugar construído para a estrita adoração ao Santo dos santos, entre outras abominações, abrigava vasos de maldição. Precisava mesmo haver um dia solene de conserto com Deus. Os vasos foram destruídos.

Hoje, no dia solene da sua decisão, quais vasos de maldição serão quebrados em sua vida?

Não foi somente uma emoção que marcou a aliança de Israel com o Senhor. Foi necessário pôr a fé em prática. Quantas vezes aceitamos a Jesus, choramos diante do altar, nos comovemos com a Palavra, mas seguimos a vida sem o compromisso de manter uma atitude cristã real e cotidiana? Como será com você? Hoje lançará fora todo vaso de contenda, orgulho, mágoa, ressentimento e qualquer outro tipo de mal? Irá dominar seus desejos em nome de Jesus? Viverá em novidade de vida, andando segundo as ordenanças do Senhor? Irá se consagrar?

Que o poder que se manifesta desde a minúscula partícula da vida até o mais complexo esquema das galáxias nos cubra de paz e graça. Que esse poder nos batize com o Espírito Santo e nos faça nascer de novo, que sejamos nascidas para amar e poderosas para vencer em todas as áreas da vida, em nome de Jesus.

Se ouvirem com atenção a voz do SENHOR, seu Deus,
e fizerem o que é certo aos olhos dele, obedecendo a
seus mandamentos e cumprindo todos os seus decretos,
não os farei sofrer nenhuma das doenças que enviei
sobre o Egito, pois eu sou o SENHOR que os cura.

(Êxodo 15:26)

Minha amiga

Chegou a hora de nos despedirmos. Gostei muito de ter esse encontro com você. Gostaria de dizer mais, mesmo correndo o perigo de ser repetitiva. Acho que Deus repete tantas vezes a mesma coisa comigo que me vejo dizendo as mesmas coisas para me certificar de que me fiz entender. Repeti muitas vezes que você é amada. Repeti muitas vezes que a Palavra de Deus é poderosa para salvar e que a graça é o poder de Deus para nos regenerar. Repeti sobre a necessidade de uma vida comprometida com o céu. Falei de desafios, mas sobretudo de fé para vencê-los. Falei até de mim, para criarmos laços de fraterno amor.

Agora, fica em nossas mãos a decisão. O que farei com tudo que escrevi e o que você fará com tudo que leu? É a única pergunta que faz sentido. Sei que alguma coisa do que falei encontrou ressonância em seu coração. Mas sem decisão não há sucesso. Orei muito por você enquanto escrevia. Falei de você pra Jesus; pedi que o Espírito Santo visitasse o seu coração com as alegrias do céu.

E agora, posso orar outra vez com você? Sim, orar. Quero inspirá-la a falar mais vezes com o Senhor. Amigos conversam sobre tudo. Há diálogo. Amigos falam sobre coisas sérias, importantes e sobre temas comuns da vida. Amigos sorriem juntos, brincam, ficam em silêncio, contam sobre acontecimentos corriqueiros.

E amigos não se encontram só com hora marcada e em lugar específico. Amigos têm liberdade. Podem chegar, podem chamar, podem ligar.

Você já prestou atenção em como nossa conversa com Deus tende a ser formal? Usamos palavras que mais parecem chavões e nos dirigimos a Ele para pedir ou agradecer. Isso é louvável, mas pessoas que se amam não só agradecem ou pedem favores. Pensando num casal apaixonado, eles também não ficam o tempo todo se elogiando. Eles convivem naturalmente. Quando um está feliz, o outro participa disso. Eles compartilham os sentimentos, as expectativas e os medos. Aliás, entre pessoas que se amam não há medo. Não há medo de falar, de perguntar, de se expor, de chorar. Enfim, são íntimos. Mantêm relacionamento consistente. Encontram-se com frequência. Eles se amam tanto que decidem ficar juntos. Dividem a vida. Dividem sonhos, planos, sentimentos, gostos, prazeres, angústias... tudo.

Tudo que fiz aqui foi estender a você um convite para desenvolver relação pessoal, profunda e significativa com Jesus. Insisto com você para que aprenda a confiar Nele e se acostume a ouvir Sua voz. A melhor maneira é permanecendo na fonte: a Palavra do próprio Deus nas Escrituras.

Todas as vezes que desejar um conselho, uma resposta, uma saída, abra a Bíblia. Fale com o Senhor e peça que Ele a responda. Leia um texto e pense, medite por algum tempo ou por muito tempo até que o silêncio da sua alma lhe permita ouvir a voz clara do Senhor. Seu coração irá se inundar de alegria.

Como fez Jacó quando disse que não largaria o anjo até que fosse abençoado, não saia da Palavra até que entenda. Não duvide. Deus fala com você. E tem mais: quando falar com Ele, pode falar em voz alta. Torne real o invisível. Fale como se fala a um amigo que se vê. No mesmo tom. Isso nos ajuda a sair do campo abstrato e torna nossa experiência real. Porém, quando não for possível, fale no pensamento. Só não deixe de se comunicar com Ele. Da mesma forma que falamos várias vezes ao dia com as pessoas que amamos, usando as facilidades da tecnologia, use a facilidade da oração para se conectar com o céu.

Assim como aquela mulher que sangrava havia doze anos tocou Jesus e foi curada, cada oração pede um toque da santidade do Senhor. Busque por isso. Sai poder do trono de Deus e nos enche. Um poder vivo, uma graça restauradora e salvadora nos é concedida quando intencionalmente a buscamos. Aquela mulher saiu de casa, enfrentou os sintomas da doença, sua própria fraqueza, seus medos, e nada a impediu de ir ao encontro de Jesus, mesmo sabendo que uma multidão a separava Dele. Milhares de pessoas cercavam Jesus, mas somente uma mulher fraquinha e desprezada, imunda para os costumes da época, estava determinada a tocar e receber. Ela tocou o Rabi. Não poderia, uma mulher doente não poderia. Mas Jesus, para provar que não há nada mais importante que atender a necessidade de uma filha amada, fez questão de evidenciar, no centro da multidão, quem foi que aproveitou a oportunidade de tocá-Lo com fé.

Amor e cura

É você a mulher que vai enfrentar o que for preciso para tocar o céu agora? É você que vai, com fé, levantar e enfrentar uma multidão de desafios em total comunhão com Deus? É você? Então, é você quem vai ouvir o Pai falar: "Filha, sua fé a curou" (Lucas 8:48).

Oração

*Amado Pai, louvo-Te por essa filha que toca
Tuas vestes e recebe cura. Continua com ela.
Ela sangrava de medo, incertezas, mágoas.
Sangrava de saudade e solidão. Sua fé se
esvaiu e ela está cansada, prostrada.*

*Fala a ela que está tudo bem e que de Ti,
Senhor e Pai, saiu poder. Diz a ela que pare
de chorar porque é tempo de sorrir e cantar.
Chama-a de filha outra vez, filha amada.*

*Olha nos olhos dela e pede a ela para declarar
o resultado do Teu toque em sua alma.
Que do Senhor saia virtude e faça dela uma
mulher virtuosa, poderosa, transformada
e feliz. Em nome de Jesus, amém!*

*Pois em breve virá
aquele que está para
vir; não se atrasará.*

Hebreus 10:37